3 실전모의고사 2회분 문제

고졸 기술·가정

제 2 회 실전모의고사
정답 및 해설 p. 22

01 스턴버그의 7가지 사랑 유형 중 ㉠에 해당하는 것은?

- 친밀감 + 헌신 = ㉠
- 친밀감 + 열정 = 낭만적 사랑
- 친밀감 + 열정 + 헌신 = 성숙한 사랑

① 얼빠진 사랑　　② 우애적 사랑
③ 도취성 사랑　　④ 공허한 사랑

04 다음과 같은 신체적 특징을 갖는 발달 단계는?

- 간 기능의 미숙으로 황달 현상이 나타났다가 회복된다.
- 두개골의 숨구멍이 완전히 닫혀 있지 않아 말랑말랑하다.
- 머리둘레가 가슴둘레보다 크며, 머리의 크기는 신장의 1/4 정도이다.

① 신생아기　　② 영아기
③ 유아기　　　④ 아동기

02 결혼을 위한 요건으로 옳은 것은?

① 남녀 모두 만 20세 이상이어야 한다.
② 신체적으로 성숙하고 건강해야 한다.
③ 미성년자는 서로의 합의만으로 결혼이 가능하다.
④ 부모의 도움을 받아 함께 가족을 부양할 수 있어야 한다.

05 밑줄 친 ㉠의 예로

우리나라는 ㉠
식생활을 중요하

① 추석에는 토란
② 계절에 나는 식
③ 어패류를 젓갈
먹었다.
④ 음식에 생강,
사용하였다.

03 태아의 발달 과정 중 외부 생식기가 발달하여 태아의 성별을 구분할 수 있는 시기는?

① 수정 직후　　② 2주
③ 3개월　　　　④ 5개월

기출 분석을 토대로 제작한 최종 실전용 모의고사 2회분을 수록하였습니다.

친절하고 상세한 해설 4

정답 및 해설

PART 01 인간 발달과 가족

기출 및 적중예상문제
p.14~19

01	①	02	②	03	③	04	④	05	①
06	④	07	①	08	②	09	③	10	④
11	①	12	③	13	②	14	③	15	④
16	②	17	①	18	②	19	④	20	③
21	④	22	②	23	③	24	①	25	③
26	①	27	②	28	①	29	④	30	②

01 정답 ①
스턴버그는 친밀감, 열정, 헌신을 사랑의 구성 요소로 보았다.
사랑의 7가지 형태로는 성숙한 사랑, 좋아함, 도취성 사랑, 공허한 사랑, 낭만적 사랑, 우애적 사랑, 얼빠진 사랑을 제시하였다.

02 정답 ②
(가)는 열정이다.
열정만 있는 사랑 유형을 도취성 사랑이라 한다. 친밀감만 있는 사랑 유형은 '좋아함'이라 하고, 헌신만 있는 사랑 유형은 '공허한 사랑'이라 한다. 친밀감과 열정, 헌신이 있는 사랑이 성숙한 사랑이다.

> **오답 피하기**
> ① 낭만적 사랑 : 친밀감과 열정만 있는 사랑이다.
> ③ 얼빠진 사랑 : 열정과 헌신만 있는 사랑이다.
> ④ 우애적 사랑 : 친밀감과 헌신만 있는 사랑이다.

03 정답 ③
우애적 사랑(친밀감 + 헌신)은 오래된 우정 같은 결혼에서 발견된다. 대부분 낭만적 사랑은 우애적 사랑으로 변한다.

04 정답 ④
우리나라는 법률혼주의로 법률상의 절차에 따라 혼인 의사를 표시함으로써 성립되는 혼인주의이다.

05 정답 ①
우드리(Udry, R.)의 배우자 선택 여과망 이론은 근접성 여과망, 매력 여과망, 사회적 배경 여과망, 의견 일치 여과망, 상호 보완성 여과망, 결혼 준비 상태 여과망을 통해 배우자 선택 과정을 설명한다. 제시된 내용은 매력 여과망에 해당한다.

06 정답 ④
우리나라 결혼의 법적 요건은 당사자 간에 혼인 의사가 있어야 하며, 혼인 신고를 해야 한다. 남녀 모두 만 18세 이상이어야 하며, 미성년자는 부모나 후견인의 동의를 얻어야 한다. 일부일처제로 중혼을 금지하며 사촌 간을 포함하는 근친혼을 금지한다.

07 정답 ①
부모의 민주적 양육 태도는 자녀에게 온정적이며 허용적이면서 적절한 자율성을 인정하여 자녀가 스스로 선택할 수 있는 범위 안에서 스스로 결정할 수 있도록 돕는다.

> **오답 피하기**
> ② 방임적 양육 태도 : 자녀의 의견에 대한 수용이나 통제는 없고 최소한의 관심만을 보인다.
> ④ 권위주의적 양육 태도 : 자녀에게 지나친 억압과 간섭을 하면서 자녀의 요구에는 관심이 없다.

정답이 왜 정답인지, 오답이 왜 오답인지를 정확하게 알 수 있도록 명쾌한 해설을 수록하였습니다.

출제 경향 분석

■ 단원별 출제 빈도(고졸 기술·가정)

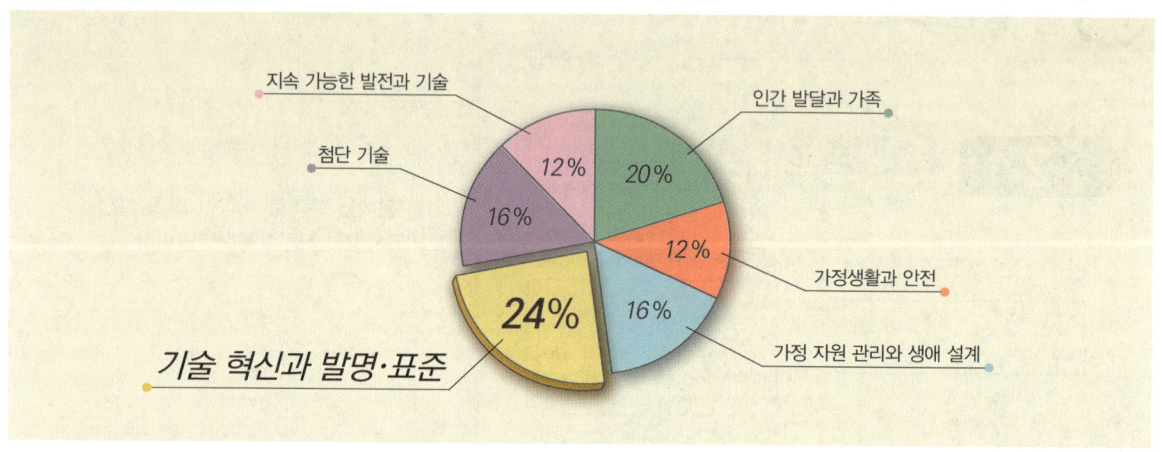

지속 가능한 발전과 기술
첨단 기술
12%
16%
24%
기술 혁신과 발명·표준
인간 발달과 가족
20%
가정생활과 안전
12%
16%
가정 자원 관리와 생애 설계

■ 최근 출제 경향

전반적으로 중간 수준의 난이도를 보이고 있으며, 기본 개념과 함께 시사적인 내용도 함께 출제되고 있습니다. 특히 '캥거루족', '그래핀'과 같은 생활 속 시사용어가 등장하여 단순 암기 외에도 개념의 실제 활용과 이해가 요구되는 문제가 등장하고 있습니다.

가장 많은 문항이 출제되고 있는 단원은 PART 04 '기술 혁신과 발명·표준' 영역이며, 이 중에서도 도면과 투상법 관련 문항이 다수 출제되고 있습니다. 기본 개념 학습 외에도 기술 단원의 세부 내용과 시사 개념, 그리고 도면 해석과 관련된 시각적 이해력이 중요해지고 있습니다.

전반적으로 개념 이해 + 적용 능력을 균형 있게 평가하려는 출제 의도가 보이며, 기초 개념과 실생활 연계 학습을 함께 준비한다면 좋은 결과를 만들 수 있습니다.

■ 기술·가정, 이렇게 공부해요!

기술·가정 과목은 암기 없이는 정답을 맞히기 어려운 과목입니다. 특히 태아 발달 과정, 신생아·유아기·아동기의 특징, 투상법, 산업 재산권 관련 내용은 정확히 외워야 풀이가 가능한 문항들입니다.

핵심 개념을 표로 정리하거나 자주 출제되는 키워드를 중심으로 단원별 요약 및 문제풀이 학습을 병행하면 기억에 오래 남고 실전 적용에도 유리합니다. 고득점을 목표로 한다면 '인간 발달과 가족', '기술 혁신과 발명·표준', '첨단 기술' 단원을 집중적으로 학습하세요.

■ 기출 분석에 따른 학습 포인트

❶ PART 01 인간 발달과 가족

이 단원은 높은 출제 비중을 보인다. 스턴버그의 사랑의 구성요소, 임신과 출산, 신생아 반사 활동, 영아기 · 유아기 · 아동기의 특징 등은 매년 출제되는 개념이다. 문장을 읽고 해석해서 정답을 맞히는 문제가 아니라 암기를 해야 하

> **Tip PART 01 키 포인트**
>
> PART 01 인간 발달과 가족은 많은 문제가 출제되는 단원입니다. 반복적인 학습으로 개념을 확실하게 알아야 할 필요성이 매우 높습니다.

는 단원이다. 반복적으로 학습하고 문제에 적용하는 연습을 해야 한다.

❷ PART 02 가정생활과 안전

출제 경향을 보면 난이도가 낮은 문제가 출제되는 편이며, 문제 풀이 중심의 학습이 가능한 단원이다.

❸ PART 03 가정 자원 관리와 생애 설계

이 단원에서는 지속 가능한 소비 생활, 가족생활 설계의 필요성, 자립적인 노후 생활에 대한 내용이 자주 출제되고 있다. 생애 발달 과정에 따른 자원 관리 중심으로 학습하면 좋은 결과를 낼 수 있을 것이다.

❹ PART 04 기술 혁신과 발명 · 표준

출제 비중이 높으며, 고난도 문제가 출제된다. 확산적 사고 기법과 수렴적 사고 기법, 투상법, 선과 기호, 치수 보조 기호 등은 자주 출제되기 때문에 암기가 필요하다. 지식 재산

> **Tip PART 04 키 포인트**
>
> 학습량이 많은 단원입니다. 먼저 기출문제를 살펴보고 자주 출제되는 주제 중심으로 학습을 하는 것이 효율적인 방법입니다.

권에서 산업 재산권이 주로 출제되며, 산업 재산권들의 특징과 특허 존속 기간도 함께 학습해야 한다. 매회 출제되는 개념들이기 때문에 완벽한 학습이 필요하다.

❺ PART 05 첨단 기술

출제 비중이 높은 단원이다. 첨단 제조 기술, 첨단 건설 기술, 첨단 생명 기술, 첨단 수송 기술, 첨단 통신 기술 등의 개념이 매회 출제되고 있다. 미래의 우리 삶과 밀접한 관련이 있기 때문에 앞으로도 지속적으로 출제될 것이다.

❻ PART 06 지속 가능한 발전과 기술

출제 비중이 낮은 단원이며, 문제 난이도 역시 쉽게 풀 수 있는 문제가 출제된다. 다만 지속 가능한 발전, 적정 기술의 개념과 자동차 운행 전에 확인해야 할 경고등은 암기를 하고, 나머지 내용들은 한 번 읽고 본 교재의 문제들을 풀어보면 될 것이다.

검스타트 합격 스토리!
다음 합격 스토리의 주인공은 바로 당신!

 **고득점 합격** k*****

선생님들의 좋은 강의와 교재로 열심히 공부한 결과
고득점(평균 98.86점)을 받았습니다.

검스타트는 검정고시 관련 정보를 다양하게 제공하고 있어
시험 준비에 많은 도움을 받았습니다.
특히 다양한 학습자료가 정말 맘에 들었습니다.

수험생들의 학습을 위해 많은 배려를 하고 있다는 느낌을
받았고, 저렴한 수강료도 좋았지만
수험생의 합격을 위한 진실함이 있다고 느꼈습니다.

이 모든 것들이 검스타트를 선택한 배경이었습니다.

 **고득점 합격** 동*

전체에서 한 문제 틀렸습니다.
과학에서 아쉽게 틀려서 만점을 못 받았습니다.

첫 관문을 잘 넘었으니 이제 대학 진학이라는 더 큰 목표를
위해 더 열심히 공부하려고 합니다.

강의해 주신 선생님들 정말 감사합니다.
핵심을 잘 정리해 주시고 이해하기 쉽도록
강의를 잘 해주신 덕분에 높은 점수를 받았습니다.

검스타트 최고 !!!

 **고령 합격** 합***

인강 선택을 위해 제 아들과 상의하고 합격수기가 많은
검스타트를 선택했습니다.

공부한 지 오래되어 기초실력이 없기에
제일 처음 기초강의부터 반복해서 들었습니다.
이어서 이론공부를 시작했습니다.

강의와 교재를 반복해서 공부하다 보니 어느새 틀이
잡혀지고 자신감이 생겼습니다.

이론을 마치고 문제풀이. 기출풀이를 공부하니 검정고시가
그다지 어렵지 않게 느껴졌습니다.

시험을 마치고 채점을 해보니 총점은 합격점수를
충분히 넘었습니다.

 **고령 합격** t***

50대 중반 주부입니다.
38년 만에 처음으로 도전해 보았는데 혼자 공부하는 거라
처음엔 막막하고 지루하고 어려웠습니다.

검스타트 상담선생님께서 말씀해 주신 대로 쉬운 과목부터
완벽하게 준비해 나갔습니다.
기본강의, 예상문제, 모의고사, 기출문제 순서로 공부했고
무엇보다도 문제를 많이 풀어보았습니다.

특히 핵심총정리가 많은 도움이 되었습니다.
향후 사이버 대학에 도전해보려 합니다.

열심히 강의해 주신 선생님들께 감사드립니다.

 **중+고졸 합격** 심****

검스타트와 인연을 맺은 지 1년.

훌륭하신 선생님들의 헌신적인 강의에 힘입어
70 가까운 나이에 중학교 과정과 고등학교 과정을 잘 마쳤고
특히 고등학교 과정은 7과목 중 4과목을
만점을 받을 정도의 성적으로 무사히 마쳤습니다.

이 모두가 검스타트 임직원 여러분과 각 과목 선생님들의
땀과 아낌 없는 희생 덕분이라 생각합니다.

고맙습니다.
이제부터는 대입 준비 열심히 하여 대입에 도전해 보려
합니다.

이젠, 여러분이 합격할 차례입니다!

목차

검스타트
검정고시
고졸 기술·가정

**2026
최신판**

단원별 개념정리 + 기출 및 적중예상문제 + 실전모의고사

검스타트 고득점 합격 로드맵

기출이 답이다
최신 기출문제
+ 무료 강의

연습은 실전처럼
온라인 모의고사
+ 상세 해설

빈틈 없는 마무리
시험장에서 보는
5분 정리집

빠른 결과 확인
가답안 문자 예약
+ 자동 채점

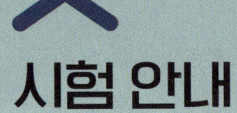

시험 안내

고졸 검정고시는 부득이한 이유로 정규 고등학교 과정을 마치지 못한 사람들을 대상으로 실시하는 국가 자격 시험으로, 고졸 검정고시에 합격한 자는 고등학교를 졸업한 자와 동등한 자격을 인정받습니다.

※ 자세한 사항은 각 시·도별 공고문을 참고하십시오.

① 시행 기관
- 시·도 교육청 : 시행 공고, 원서 교부 및 접수, 시험 실시, 채점, 합격자 발표
- 한국교육과정평가원(KICE) : 문제 출제, 인쇄 및 배포

② 시험 일정*

구분	공고 기간	접수 기간	시험일	합격자 발표
제1회	1월 말~2월 초	2월 초~중순	4월 초~중순	5월 초~중순
제2회	5월 말~6월 초	6월 초~중순	8월 초~중순	8월 하순

※ 상기 일정은 시·도 교육청 협의에 따라 변경될 수 있습니다. 반드시 해당 시험 공고문을 참조하세요.

③ 시험 과목 및 시간표

구분	1교시	2교시	3교시	4교시	중식	5교시	6교시	7교시
시간	09:00~ 09:40	10:00~ 10:40	11:00~ 11:40	12:00~ 12:30	중식 12:30~ 13:30	13:40~ 14:10	14:30~ 15:00	15:20~ 15:50
	40분	40분	40분	30분		30분	30분	30분
시험 과목	국어	수학	영어	사회		과학	한국사	선택 과목

※ 필수 과목 : 국어, 수학, 영어, 사회, 과학, 한국사(6과목)

※ 7교시 선택 과목은 '도덕, 기술·가정, 체육, 음악, 미술' 중 1과목(따라서 총 7과목 응시)

④ 출제 형식 및 배점
- 문항 형식 : 객관식 4지 택 1형
- 출제 문항 수 및 배점

구분	문항 수	배점
고졸	각 과목별 25문항(단, 수학은 20문항)	각 과목별 1문항당 4점(단, 수학은 1문항당 5점)

⑤ 합격자 결정 및 취소
- 고시 합격 ➡ 각 과목을 100점 만점으로 하여 결시 없이 평균 60점 이상을 취득한 자(과락제 폐지)
- 과목 합격 ➡ 과목당 60점 이상 취득한 과목
- 합격 취소 ➡ 응시 자격에 결격이 있는 자, 제출 서류를 위조 또는 변조한 자, 부정행위자

6 응시 자격 및 제한

◆ 응시자격 및 응시과목

응시자격	응시과목
중학교 졸업자	● 국어, 수학, 영어, 사회, 과학, 한국사【필수 : 6과목】 ● 도덕, 기술·가정, 체육, 음악, 미술【선택 : 1과목】
중학교 졸업학력 검정고시 합격자	
초·중등교육법 시행령 제97조·제101조 및 제102조 해당자	
보호소년 등의 처우에 관한 법률 시행령 제69조 제3호의 규정에 의한 자	
3년제 고등기술학교 및 고등학교에 준하는 각종학교 졸업자 또는 졸업예정자	국어, 수학, 영어 【총 3과목】
3년제 직업훈련과정의 수료자	
3년제 고등기술학교 및 고등학교에 준하는 각종학교 졸업자 또는 졸업예정자, 3년제 직업훈련과정의 수료자 해당자로서 '89.11.22 이후 국가기술자격법에 의한 기능사 이상의 자격 취득자	국어, 수학 또는 영어 【총 2과목】
3년제 고등기술학교 및 고등학교에 준하는 각종학교 졸업자 또는 졸업예정자, 3년제 직업훈련과정의 수료자 해당자로서 '89.11.21 이전 국가기술자격법에 의한 기능사 이상의 자격 취득자	수학 또는 영어 【총 1과목】
만 18세 이후에 평생교육법 제23조 제2항에 따라 평가인정한 학습과정 중 고시과목에 관련된 과정을 교육부장관이 정하는 바에 따라 과목당 90시간 이상 이수한자	국어, 수학, 영어【3과목】 + 미이수 과목

◆ 응시 자격 제한
- 고등학교 또는 초·중등교육법 시행령 제98조 제1항 제2호의 학교를 졸업한 자 또는 재학 중인 자 (휴학 중인 자 포함)
- 공고일 이후 중학교 또는 초·중등교육법 시행령 제97조 제1항 제2호의 학교를 졸업한 자
- 고시에 관하여 부정행위를 한 자로서 2년이 경과되지 아니한 자
- 고등학교 또는 초·중등교육법 시행령 제98조 제1항 제2호의 학교에서 퇴학된 사람으로서 퇴학일부터 공고일까지의 기간이 6개월이 되지 않은 사람(다만, 장애인복지법에 제32조에 따라 등록한 장애인으로서 신체적·정신적 장애로 학업을 계속하는 것이 불가능하여 퇴학된 사람은 제외)

7 제출 서류

◆ 응시자 전원 제출 서류(공통)
- 응시원서(소정 서식) 1부(현장 접수 시, 온라인 접수 시는 전자파일 형식의 사진 1매만 필요)
- 동일한 사진 2매(탈모 상반신, 3.5㎝×4.5㎝, 응시원서 제출 전 3개월 이내 촬영)
- 본인의 해당 최종학력증명서 1부(아래 해당 서류 중 한 가지)
  - 중졸 검정고시 합격자 : 합격증서 사본(원본 지참)
  - 고등학교 재학 중 중퇴자 : 제적증명서
  - 중학교 졸업 후 상급학교 미진학자 : 상급학교 진학 여부가 표시된 '검정고시용' 중학교 졸업 (졸업 예정)증명서, 미진학사실확인서

◆ 과목 면제 대상자 추가 제출 서류
- 과목합격증명서 또는 성적증명서, 평생학습이력증명서 등(이상 해당자만 제출)

◆ 장애인 시험 시간 연장 및 편의 제공 대상자 제출 서류
- 복지카드 또는 장애인등록증 사본(원본 지참), 장애인 편의 제공 신청서

8 출제 수준, 세부 출제 기준 및 방향

◆ 출제 수준
- 고등학교 졸업 정도의 지식과 그 응용 능력을 측정할 수 있는 수준

◆ 세부 출제 기준 및 방향
- 각 교과의 검정(또는 인정) 교과서를 활용하는 출제 방식
  - 가급적 최소 3종 이상의 교과서에서 공통으로 다루고 있는 내용으로 출제
    (단, 국어와 영어 지문의 경우 공통으로 다루고 있는 교과서 종수와 관계없으며, 교과서 외 지문도 활용 가능)
- 문제은행(기출문항 포함) 출제 방식을 학교 급별로 차등 적용
  - 초졸 : 50% 내외, 중졸 : 30% 내외, 고졸 : 적용하지 않음.
- 출제 난이도 : 최근 5년간 평균 합격률을 고려하여 적정 난이도 유지

9 응시자 시험 당일 준비물

◆ 중졸 및 고졸

> (필수) 수험표, 신분증, 컴퓨터용 수성사인펜
> (선택) 아날로그 손목시계, 수정 테이프, 도시락

※ 수험표 분실자는 응시원서에 부착한 동일한 사진 1매를 지참하고 시험 당일 08시 20분까지 해당 고사장 시험 본부에서 수험표를 재교부 받을 수 있다.

※ 시험 당일 고사장에는 차량을 주차할 수 없으므로 대중교통을 이용해야 한다.

10 고졸 검정고시 교과별 출제 대상 과목

구분	교과(고시 과목)	출제범위(과목)
필수	국어	국어
	수학	수학
	영어	영어
	사회	통합사회
	과학	통합과학
	한국사	한국사
선택	도덕	생활과 윤리
	기술·가정	기술·가정
	체육	체육
	음악	음악
	미술	미술

검정고시 온라인 원서 접수, 이렇게 해요!

※ 사전 준비 : 본인의 '공동인증서' 발급 받기

1. <u>온라인 접수 기간</u>에 시·도 교육청의 검정고시 서비스 사이트에 접속

http://kged.sen.go.kr

2. 검정고시 전체 서비스 메인 화면에서, 화면 왼쪽의 검정고시 온라인 접수 클릭

3. 왼편의 검정고시 온라인 접수에서 해당하는 '시·도 교육청'을 선택하여 이동

4. 상단의 〈온라인 원서 접수〉 메뉴에서 본인이 희망하는 자격의 검정고시 선택
   ☞ 해당 자격의 원서 접수하기 버튼을 클릭하면 '온라인 원서 접수 페이지'로 이동

5. 성명과 주민등록번호(또는 외국인등록번호)를 입력하고, 원서 접수 허위 사실 기재에 관한 안내
   및 서약서와 개인식별번호 처리 동의에 체크(✓)한 뒤, 인증서 로그인 을 클릭한 후 본인의 공동
   인증서를 통해 로그인

6. 응시자 정보 ➡ 학력 과목 정보 ➡ 고사장 선택 ➡ 접수 완료 순으로 작성

   (1) 응시자 정보에서 본인의 기본 신상 정보와 검정고시 응시 기본 정보를 입력한 후 저장 버튼을
       클릭하여 저장 (*표시는 필수 입력 항목으로, 미입력 시 다음 순서로 진행되지 않음) ➡ 다음 버
       튼 클릭
       • 사진 파일은 100kb 크기 미만의 jpg와 gif 파일만 저장 가능

   (2) 학력 과목 정보에서 응시자 본인의 학력 정보와 과목 응시 정보를 등록, 관련된 서류를 첨부한
       후 저장 버튼을 클릭하여 저장 ➡ 다음 버튼 클릭

   (3) 고사장 선택에서 금회차의 고사장이 조회되며, 고사장별 수용 인원이 도달할 때까지 응시자가
       신청할 수 있음 ➡ 다음 버튼 클릭
       ※ 고사장을 변경할 시에는 상단의 〈원서 조회〉 메뉴에서 '3. 고사장 선택 입력 단계 화면'에서 수정

   (4) 접수 완료에서 이전 단계에서 등록했던 주요 항목을 다시 한번 확인한 후, 제출 버튼을 클릭하
       여, 최종적으로 원서 제출
       ※ 입력을 완료하였으나 제출을 하지 않을 경우 오프라인으로 재접수를 해야만 응시 가능
       ※ 제출 완료한 응시원서에 수정이 필요한 경우, 〈수정후제출〉 버튼을 클릭하여 수정

7. 상단의 〈원서 조회〉 메뉴를 통해 본인이 응시한 검정고시 원서 조회 가능(공동인증서로 로그인)

8. 상단의 〈수험표 출력〉 메뉴에서 수험표 출력 가능(해당 자격의 수험표 출력하기 버튼 클릭)
   ※ 식별이 가능하도록 가급적 컬러프린터로 출력하여 시험 당일 소지할 것

이 책의 구성과 특징

1 알찬 개념 정리 + 다양한 학습장치

고졸 기술·가정

01 가정생활

• 한식의 우수성과 다른 나라의 식생활 문화를 이해할 수 있다.
• 한복의 미적·기능적 특징과 다른 나라의 의생활 문화를 이해할 수 있다.
• 한옥의 가치와 다른 나라의 주생활 문화를 이해할 수 있다.

1 한식과 건강한 식생활

1. 우리나라의 식생활 문화

(1) 우리나라 식생활 문화의 특징과 우수성
① 식품의 저장성을 높이기 위해 발효 식품이 발달하였으며, 건강에 좋고 영양적으로 우수하다.
② 주식으로는 곡류를, 부식으로는 채소류, 육류, 어패류 등 다양한 식품을 섭취한다. 육류보다 채소의 이용이 많아 영양적으로 균형 잡힌 식생활을 영위한다.
③ 음식의 종류와 요리법이 다양하게 발달하여 식생활이 풍요롭고, 갖은양념이 발달하여 풍부한 맛을 낸다.
④ 약식 동원(藥食同源) : '약과 음식은 그 근원이 같다'는 말로, 음식을 통해 건강을 유지하고자 하였다.
   • 약리 작용을 하는 생강, 계피, 쑥, 당귀, 오미자, 구기자, 인삼 등의 식재료를 사용한다.

(2) 시절식, 의례식의 발달
① 시절식 : 계절에 따라 나는 식재료로 만든 음식, 명절에 먹는 음식
   • 떡국(설날, 음력 1월 1일), 부럼(정월 ..., 진달래 화전(삼짇날, 음력 3월 3일), 삼..., 송편(추석, 음력 8월 15일), 팥죽(동...
② 의례식 : 통과 의례를 중요하게 여겨 의... 린 음식
   • 백일상, 돌상, 혼례상, 제례상 등

● 발효 식품
간장, 된장, 청국장 등의 장류는 콩으로 만든 대표적인 발효 식품으로 발효 과정에서 생긴 유익한 물질이 뇌 기능을 향상시키고, 혈관 질환과 골다공증을 예방하며, 항암 효과가 있다.

● 고명
음식의 모양과 빛깔을 돋보이게 하고 음식의 맛을 더하기 위하여 음식 위에 얹거나 뿌리는 것을 이르는 말이다.

해당 단원에서 자주 출제되는 핵심 키워드를 제시하고, 사진·지도·그래프 등의 자료를 충분히 활용하여 핵심 이론을 정리하였습니다.

기출 및 적중예상문제 2

고졸 기술·가정

PART 02 기출 및 적중예상문제

정답 및 해설 p. 5

01 가정생활

01 다음 설명에 해당하는 식품으로 옳은 것만을 〈보기〉에서 모두 고른 것은?

> 우리나라는 젖산균이나 효모 등 미생물의 발효 작용을 이용한 다양한 발효 식품이 발달하였다.

〈보기〉
ㄱ. 김치   ㄴ. 된장   ㄷ. 들기름

① ㄱ   ② ㄷ
③ ㄱ, ㄴ   ④ ㄴ, ㄷ

02 다음 설명에 해당하는 한식의 특징은?

> • 약과 음식의 근본은 같다는 의미이다.
> • 약리 작용을 하는 음식 재료를 사용한다.

03 다음 설명에 해당하는 것만을 〈보기〉에서 모두 고른 것은?

> 절기와 명절에는 그 뜻을 담아 절식을 먹으며 영양을 보충하였다.

〈보기〉
ㄱ. 설날의 떡국
ㄴ. 추석의 쑥국
ㄷ. 정월 대보름의 부럼

① ㄱ   ② ㄴ
③ ㄱ, ㄷ   ④ ㄴ, ㄷ

04 다음 (가)에 해당하는 시절식은?

> 이날은 24절기의 하나로, 일 년 중 낮이 가장 짧고 밤이 가장 긴 날이다. 이날에는 (가) 을 먹는 풍습이 있는데, 이는 액을 막고 잡귀를 없애 준다는 의미가 있다.

① 떡국   ② 송편
③ 팥죽   ④ 삼계탕

• 출제 유형을 명확하게 알 수 있도록 지금까지 출제된 기출문제 중에서 대표 출제 유형을 엄선하였습니다.

• 기출 유형에 맞춘 다양한 예상문제를 통해 문제 해결 능력과 실전에 대한 자신감을 키울 수 있습니다.

100% 합격을 위한 나만의 학습 계획

◆ 『고졸 검정고시 기술·가정』 학습 진도표

구분		진도 체크(✓)*				
		1회	2회	3회	4회	5회
PART 01 인간 발달과 가족	01 인간 발달					
	02 가족 관계					
	📎 기출 및 적중예상문제					
PART 02 가정생활과 안전	01 가정생활					
	02 가족 안전					
	📎 기출 및 적중예상문제					
PART 03 가정 자원 관리와 생애 설계	01 가정 자원 관리					
	02 생애 설계					
	📎 기출 및 적중예상문제					
PART 04 기술 혁신과 발명 · 표준	01 기술 혁신과 창의 공학 설계					
	02 발명과 표준					
	📎 기출 및 적중예상문제					
PART 05 첨단 기술	01 첨단 제조, 건설, 생명 기술					
	02 첨단 수송, 통신 기술					
	📎 기출 및 적중예상문제					
PART 06 지속 가능한 발전과 기술	01 지속 가능한 발전과 적정 기술					
	02 직업 세계와 안전					
	📎 기출 및 적중예상문제					
PART 07 실전모의고사	제1회 실전모의고사					
	제2회 실전모의고사					

*학습 완료한 날짜를 적으셔도 좋습니다.

● 진도 체크(✓) 요령

1회 해당 부분 모두를 정독(精讀)했을 때를 1회로 간주합니다. 단순히 체크(✓)하셔도 좋고 권하는 대로 해당 날짜를 적어 넣으셔도 좋습니다.

2회 해당 부분 모두를 두 번째로 정독했을 때를 2회로 간주합니다. 띄엄띄엄 부분적으로 공부한 것은 해당하지 않습니다. 반드시 해당 부분 모두를 두 번째로 정독했을 경우에만 표시하도록 합니다.

3회 해당 부분에서 취약하거나 중요한 부분을 중심으로 처음부터 끝까지 모두 공부했을 때를 3회로 간주합니다. 실력(이해와 암기)을 키우기 위한 집중 학습에 해당합니다.

4회 3회와 같은 방식으로 취약하거나 중요한 부분을 중심으로 처음부터 끝까지 다시 한번 모두 공부했을 때를 4회로 간주합니다.

5회 시험을 목전에 두고 최종적으로 해당 부분 모두를 정독했을 때를 5회로 간주합니다. 1회에서 4회까지의 학습 과정이 있었기 때문에 1회, 2회보다는 훨씬 빠른 속도로 끝마칠 수 있을 것입니다.

◆ 취약 부분 극복 계획

학습 진도 중에서 자신이 취약하다고 생각되는 부분을 적고, 이를 극복할 수 있는 방안을 고민해 봅니다.

진도 중 취약 부분	극복 방안	극복한 날
예) 시의 비유법들이 잘 구분되지 않는다 (특히 은유법). 어렵다.	예) 교재와 강의에서 비유법 관련 내용이 나올 때마다 초집중한다.	예) 7월 7일(화) 비유법 극복!

◆ 나의 다짐과 소감

본격적인 학습에 앞서 다짐의 말을 적어 봅니다. 또 주변 사람들로부터 응원의 말을 받아 보세요. 물론 스스로에게 하는 응원의 말을 적으셔도 좋습니다. 마지막 포스트잇은 합격 후에 기분 좋게 작성하세요.

● (학습 전) 나의 다짐

● 응원의 말

● 합격 소감

합격을 위한 최적의 교재!
고졸 검정고시 기술·가정

PART
01

인간 발달과 가족

01 인간 발달

02 가족 관계

✪ 사랑과 결혼, 부모됨을 통해 형성된 가족이 배려와 돌봄을 실현하는 것은 건강하고 행복한 가정과 사회를 유지하는 바탕이다. 자녀 돌보기를 이해하고 세대 간에 긍정적인 관계를 형성·유지하는 것, 부모 역량을 기르고 조화로운 사회를 유지하는 내용에 대해 알아본다.

01 인간 발달

- 사랑과 결혼의 의미를 바탕으로 행복한 결혼이란 무엇인지 설명할 수 있다.
- 책임 있는 부모가 되기 위해 필요한 역량을 탐색할 수 있다.
- 계획적인 임신과 건강한 출산을 위한 방안을 탐구할 수 있다.

1 사랑과 결혼

1. 사랑의 이해

(1) 사랑의 의미와 특징

① 의미 : 인간의 기본적 욕구로, 상대를 매우 좋아하며 아끼고 귀중히 여기는 마음

② 특징 : 인간의 행동과 감정, 내적인 경험을 포함하며, 표현하는 방식이 다양하다.

(2) 스턴버그의 사랑의 구성 요소

① 친밀감 : 상대방을 가깝고 편안한 존재로 느끼는 따뜻한 감정의 상태

② 열정 : 신체적 매력, 낭만적 감정, 성적 욕구 등 연인에게 이끌리는 욕망

③ 헌신 : 상대방을 사랑하겠다는 결심과 그 사랑을 지속하겠다는 의지 및 책임감

(3) 스턴버그의 7가지 사랑의 유형

① 성숙한 사랑 : 사랑의 구성 요소를 모두 갖춘 사랑을 말한다. (친밀감＋열정＋헌신)

② 낭만적 사랑 : 상대방의 매력이 주된 사랑의 감정으로 언약이나 확신은 없다. (친밀감＋열정)

③ 우애적 사랑 : 오래된 우정 같은 결혼에서 발견된다. 대부분 낭만적 사랑은 우애적 사랑으로 변한다. (친밀감＋헌신)

④ 얼빠진 사랑 : 안정적인 친밀감이 없는 상태에서 관계를 유지하기 위한 열정과 헌신만 있는 사랑을 말한다. (열정＋헌신)

⑤ 좋아함 : 친구들과의 관계에서 경험하는 친밀함이나 따뜻함 같은 감정을 느낄 수 있는 관계를 말한다. (친밀감)

⑥ 도취성 사랑 : 열정만이 있는 사랑으로, 상대를 이상화시켜서 보는 망상으로 치우친다. (열정)

⑦ 공허한 사랑 : 오래된 관계 또는 중매혼의 출발에서 볼 수 있는 유형이다. 사랑의 언약과 헌신만이 있는 사랑을 말한다. (헌신)

Click 스턴버그의 사랑의 삼각형 이론

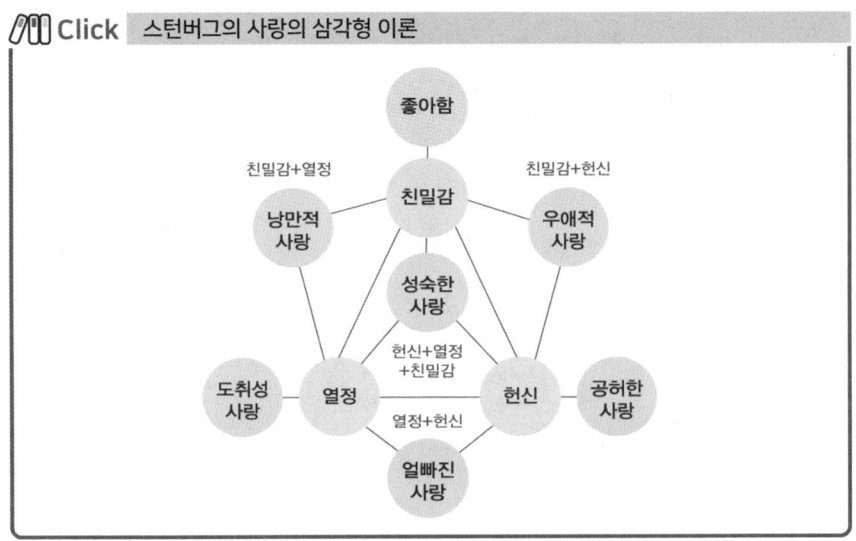

2. 결혼의 이해

(1) 결혼의 의미와 특징

① 의미 : 성숙한 남녀의 신체적 · 정신적 · 사회적 · 경제적 결합이다.

② 특징 : 우리나라에서는 혼인 신고를 통해 법적인 책임의 관계가 되며, 법적 보호를 받는다.

(2) 결혼을 위한 요건과 태도

신체적 성숙	자녀를 출산하고 양육할 수 있도록 신체적으로 성숙하고 건강해야 함.
정신적 성숙	자신의 욕구와 감정을 조절하고 다른 사람을 배려할 수 있어야 함.
사회적 성숙	원만한 사회생활에 필요한 기본 지식과 가치관, 행동 양식을 갖추어야 함.
경제적 준비	부모에게서 독립하여 자신과 가족을 부양할 수 있어야 함.
법적 요건	• 당사자 간에 혼인 의사가 있어야 하며, 혼인 신고를 해야 함. • 남녀 모두 만 18세 이상이어야 함. • 미성년자는 부모나 후견인의 동의를 얻어야 함.

❯ 배우자 선택 시 점검할 사항
• 가치관의 조화
• 역할의 조화
• 직업과 가족 목표의 조화
• 여가 활동의 조화
• 성적 조화
• 양질의 의사소통

(3) 배우자 선택

① 배우자의 선택 : 이상적인 배우자상에 대한 가치관은 살아온 시대나 사회적 배경, 성장해 온 가정 환경뿐만 아니라 각자의 개인적·심리적 욕구에 따라 다를 수 있다.

② 배우자 선택 시 고려할 점 : 정서적 안정, 성격이나 욕구의 조화, 공통된 가치관, 가정 형성을 위한 경제적인 능력, 상호 간의 단점과 장점의 이해와 수용, 상대에 대한 진정한 사랑 등

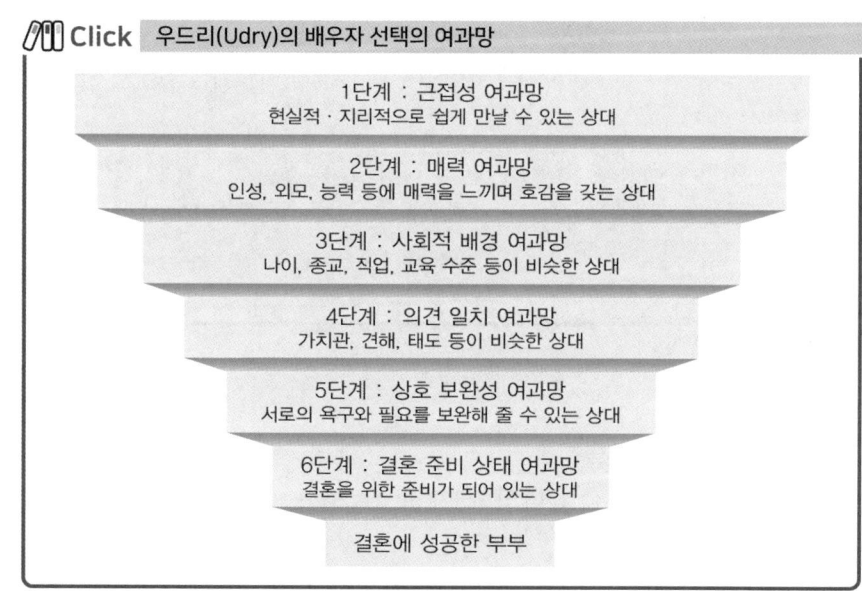

Click 우드리(Udry)의 배우자 선택의 여과망

1단계 : 근접성 여과망
현실적·지리적으로 쉽게 만날 수 있는 상대

2단계 : 매력 여과망
인성, 외모, 능력 등에 매력을 느끼며 호감을 갖는 상대

3단계 : 사회적 배경 여과망
나이, 종교, 직업, 교육 수준 등이 비슷한 상대

4단계 : 의견 일치 여과망
가치관, 견해, 태도 등이 비슷한 상대

5단계 : 상호 보완성 여과망
서로의 욕구와 필요를 보완해 줄 수 있는 상대

6단계 : 결혼 준비 상태 여과망
결혼을 위한 준비가 되어 있는 상대

결혼에 성공한 부부

2 부모됨의 준비

1. 부모됨의 의미

부모가 된다는 것은 자녀를 낳거나 입양하여 훌륭한 사회의 구성원으로 기르는 것이다.

2. 책임 있는 부모

(1) 부모가 되기 위한 기본적인 준비

신체적 준비	자녀를 낳고 기를 만큼 충분히 성숙하고 건강한 몸
정신적·정서적 준비	자녀를 받아들이고 양육할 수 있는 정신적·정서적 안정 필요
경제적 준비	자녀를 양육하고 교육하기 위한 경제적 능력
사회적 준비	사회에서 독립된 성인으로서의 역할 수행

(2) 책임 있는 부모

① 의미 : 자녀가 자신의 일을 스스로 결정해서 행동하도록 격려함으로써 민주적이고 긍정적인 역할을 수행하는 부모

② 중요성

㉠ 책임 있는 부모됨을 통해 부모 자신과 자녀 모두의 성장을 도모한다.

㉡ 부모의 양육 태도는 자녀의 인성과 부모 자녀 관계에 큰 영향을 미친다.

(3) 부모의 양육 행동에 따른 자녀의 행동 특징

양육 행동	양육 행동의 특징	자녀의 행동 특징
방임적	자녀에게 무관심하고 통제를 거의 하지 않음.	자신의 행동을 잘 통제하지 못하는 문제 행동을 보임.
권위적·지배적	규칙을 엄격히 강요하고 자녀의 욕구와 의견을 고려하지 않음.	수동적·적대적 행동을 보이며, 스트레스를 받기 쉽고 기분의 변화가 심함.
과잉보호적	자녀의 보호가 강하게 나타나며, 부모가 대부분의 일을 대신해 줌.	정서적으로 미숙하고 사회적 책임감이 낮음. 반항적이며 독립심이 부족함.
민주적·수용적	분명한 규율이 있으며, 규율에 대해 서로 이야기하고 대안을 제시함.	자신의 행동을 통제할 수 있고 정서적으로 안정되어 있음. 책임감이 있으며 협동적임.

3 임신과 출산

1. 계획적 임신

(1) 임신

난자와 정자가 수정되고 수정란이 세포 분열하여 자궁에 착상되어 태아로 성장·발육하는 전 과정

/III Click

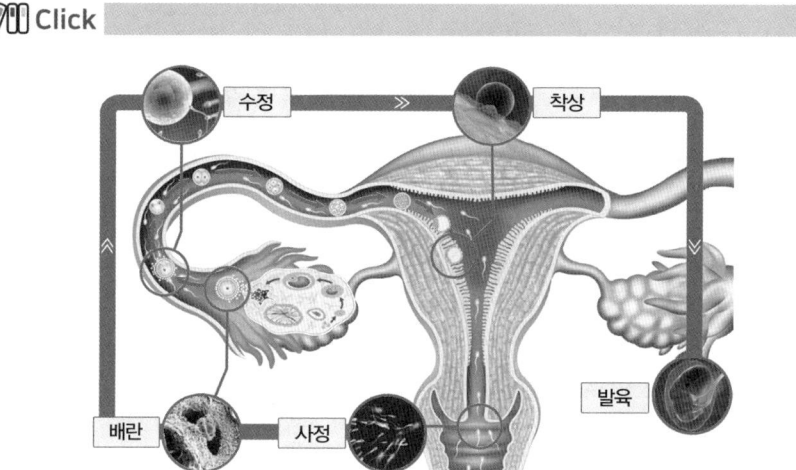

- **사정** : 사정된 정자가 질을 통해 들어가 수란관까지 이동한다.
- **배란** : 성숙한 난자가 난소에서 수란관으로 배출된다.
- **수정** : 수란관에 이른 정자 중 하나의 정자가 난자의 막을 뚫고 들어가 정자와 난자의 핵이 결합하여 수정란이 된다.
- **착상** : 수정란이 세포 분열을 하면서 자궁으로 이동하여 자궁 내막의 안전한 곳에 자리를 잡는다.
- **발육** : 태아는 모체로부터 산소와 영양분을 공급받으며 성장·발달한다.

(2) 계획적인 임신을 위한 피임 방법

① **월경 주기법** : 배란일을 예측하여 임신 가능 기간에는 성관계를 피하는 방법

② **먹는 피임약** : 호르몬이 함유된 약을 복용하여 배란을 억제하는 방법

③ **루프** : 여성의 자궁에 장치를 넣어 수정란의 착상을 막는 방법

④ **콘돔** : 음경에 고무 주머니를 씌워 정자가 자궁에 들어가지 못하게 하는 방법

⑤ **정관 수술** : 정관을 묶거나 잘라 정자가 밖으로 나가지 못하게 하는 방법

---

❺ 배란 가능 기간
월경 주기가 규칙적인 경우 다음 월경 예정일 12~16일 전

❺ 임신 가능 기간
정자의 생존 기간 약 3일을 고려하여 다음 월경 예정일 12~19일 전

❺ 임신성 당뇨
임신 중기 이후 진단된 당뇨병으로, 임신 전에는 당뇨병이 분명하지 않았던 경우를 말한다.

❺ 임신 중독증
임신 말기에 혈압이 높아지면서 소변으로 단백질이 빠져나온다.

❺ 임신 기간
마지막 월경 시작일로부터 280일, 수정된 날로부터 266일이다.

❺ 출산 예정일 계산
마지막 월경 시작일의 월에 +9 또는 −3을 하고, 일에 +7을 하여 계산한다.

2. 태아의 발달과 임신 중의 생활

(1) 태아의 발달 과정과 임신부의 신체 변화

구분	수정~2주	2~8주	3~4개월	5~6개월	7~8개월	9~10개월
태아	발아기 • 수정란이 자궁벽에 착상하여 임신이 됨.	배아기 • 세포 분열이 급속히 이루어지며, 신체 기관이 형성됨.	태아기 • 3개월 : 외부 생식기 발달, 성별 확인 가능 • 4개월 : 태반 완성. 감정이 발달하기 시작	• 5개월 : 외부 소리를 들을 수 있고, 손발의 움직임이 활발해짐. • 6개월 : 뼈와 근육이 발달하고, 다양한 표정을 지음.	• 7개월 : 청각이 거의 발달하여 외부 소리 구분 가능 • 8개월 : 골격이 거의 완성, 엄마 목소리에 따라 기분을 알아차림.	• 9개월 : 신체 각 기관이 거의 완성, 신경 발달 • 10개월 : 머리를 아래로 향하고, 병에 대한 면역력 생성
임신부	• 별다른 변화가 없어 임신 사실을 알지 못하기도 함.	• 월경 중지 • 몸이 나른하고 쉽게 피로해짐. • 유방이 커지고 입덧 시작	• 입덧이 심해지다가 점차 사라짐. • 감정 기복이 심해짐. • 유산 위험이 크므로 조심해야 함.	• 아기의 움직임을 느끼기 시작함. • 배가 많이 불러 옴. • 임신성 당뇨에 주의	• 배에 임신선이 나타남. • 손발이 붓고 다리에 자주 쥐가 남. • 임신 중독증, 조산 등의 위험이 있으므로 주의	• 자궁이 커져 가슴에 압박감을 느끼고 소변을 자주 봄. • 태아가 내려가고 가진통으로 배가 뭉치는 것을 느낌.

(2) 임신 중의 생활

① **태교** : 태교 음악, 태아 마사지 등으로 태아에게 좋은 영향을 준다.

② **영양 관리** : 비타민과 무기질, 칼슘과 철분, 엽산을 충분히 섭취한다.

③ **정기 검진** : 임신 7개월까지는 한 달에 한 번, 8~9개월에는 2주에 한 번 정기 검진을 받아 태아의 발육 상태를 파악하고 이상을 조기에 발견하도록 한다.

3. 건강한 출산

(1) 출산 준비

병원 예약, 아기 용품과 산모 용품 준비 등

(2) 출산 징후

① 태아가 모체의 골반 안으로 내려가면서 배가 처져 보이고, 소변을 보는 횟수가 증가한다.

◑ 태아의 발달을 돕는 기관

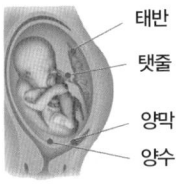

태반
탯줄
양막
양수

◑ 태반
산소와 영양분을 공급하고, 모체의 유해 물질이 태아에 들어가지 못하게 막아 준다.

◑ 탯줄
태아와 태반을 연결하는 관으로, 영양분·산소·노폐물의 이동 통로이다.

◑ 양막
태아를 둘러싸고 있는 보호막이다.

◈ 양수
외부의 충격으로부터 태아를 보호하며, 태아의 활동과 체온 조절을 돕고, 출산 시 산도를 부드럽게 한다.

◈ 이슬
난막의 일부가 떨어져 나오면서 생기는 혈액이 섞인 분비물이다.

② 일정한 간격으로 진통이 오고 이슬이 분비된다.

③ 자궁 입구가 열리기 시작하고 양수가 나온다(파수).

(3) 출산 과정

① 분만 제1기(개구기) : 진통이 규칙적으로 시작되면서부터 태아가 나올 만큼 자궁 입구가 열릴 때까지의 시기를 말한다.

② 분만 제2기(만출기, 출산기) : 자궁 입구가 완전히 열려 태아가 모체 밖으로 나오는 시기로, 진통이 1~2분 간격으로 오며 통증이 가장 심하다.

③ 분만 제3기(후산기) : 태아가 나온 후 태반과 탯줄, 양막이 나오는 시기를 말한다.

/Ⅱ Click 출산 과정

| 개구기 | 만출기 | 후산기 |

◈ 오로
출산 후 자궁 내벽과 산도의 상처에서 혈액이 분비물과 섞여 나오는 것을 말한다.

(4) 출산 후 산후조리

① 산욕기 : 출산 후 산모의 몸이 임신 전의 상태로 회복되기까지의 기간으로, 보통 6~8주 정도 걸린다. 출산 직후에는 오로가 배출되다가 3~4주 정도 지나면 차츰 없어진다.

② 산후 우울증 : 출산 후 호르몬과 환경 변화, 스트레스 등으로 불안감, 우울한 기분 등을 경험하는 질환

③ 출산 후 생활 : 휴식과 안정, 건강 관리, 모유 수유, 영양 관리 등

(5) 산모와 태아에 위협적인 질병

① 임신중독 : 임신과 합병된 고혈압성 질환. 유전학적, 면역학적, 염증성 등의 원인으로 혈관 수축이 일어나 고혈압이 나타난다.

② 풍진 : 풍진 바이러스에 의한 감염으로 얼굴과 몸에 발진이 나타나고, 임신 초기에 임신부가 감염될 경우 태아에게 감염되어 선천성 기형아를 낳을 가능성이 있다.

③ 산욕열 : 출산 후 산모의 생식기를 통해 세균이 침입하여 고열, 복통, 구토, 실신 등의 증상이 나타난다.

02 가족 관계

- 자녀 발달 시기별 특징을 이해하고, 부모가 되기 위해 필요한 역량을 추론할 수 있다.
- 가족 문화의 의미를 이해하고, 세대 간 관계를 조화롭게 영위할 수 있는 방안을 탐색할 수 있다.

1 자녀 돌보기

1. 신생아기의 발달 특징과 돌보기

(1) 신생아기 발달 특징

① 신체적 특징

㉠ 피부는 쭈글쭈글하고 붉은색을 띠며 끈적끈적한 태지로 덮여 있다.

㉡ 출생 시 머리는 신장의 1/4이며, 성인보다 맥박과 호흡이 빠르고 체온이 1℃ 정도 높다.

㉢ 생후 1주일 정도 지나면 탯줄이 배꼽에서 떨어진다.

② 생리적 특징 : 신생아 황달, 태변 배설, 체중 감소 현상이 나타난다.

③ 감각 기능 : 촉각, 청각, 시각, 미각, 후각이 발달한다.

(2) 신생아의 반사 행동

① 의미 : 외부 자극에 무의식적이고 자동적으로 반응하는 것 ➜ 신생아의 대뇌가 발달함에 따라 자발적·의식적인 행동으로 대체되면서 점차 사라진다.

② 종류

빨기 반사	입에 닿는 것은 무엇이든지 빨려고 함.
잡기 반사 (파악 반사)	손에 물건을 쥐어 주면 빼내기 힘들 정도로 꼭 쥠.
바빈스키 반사	발바닥을 살짝 긁으면 발가락을 폈다가 오므림.
모로 반사	갑자기 큰 소리가 들리면 놀라 팔다리를 폈다 오므림.
걷기 반사	겨드랑이를 잡고 살짝 들어 세워 주면 걷는 동작을 함.

❷ 태지
태아의 몸 표면을 싸고 있는 회백색의 지방과 같은 물질로 임신 5개월부터 생기는데, 양수가 침범하지 못하도록 하고 분만을 쉽게 한다.

◆ 모유의 장점

엄마에게 좋은 점
- 출산 후 자궁 수축을 촉진한다.
- 유방암의 발생 빈도를 낮춘다.
- 비만 예방에 도움이 된다.

아기에게 좋은 점
- 균형 잡힌 영양소를 섭취할 수 있다.
- 질병에 대한 저항력을 기른다.
- 출산 후 4~5일까지 분비되는 초유는 영양이 풍부하고 면역체를 다량 함유하고 있다.

◆ 영아기
출생 후 4주~24개월까지의 시기로, 신체적·인지적·사회 정서적 측면에서 가장 많은 발달이 이루어진다.

---

(3) 신생아 돌보기

① 재우기 : 하루 20시간 정도를 재우며, 목을 가누지 못하므로 똑바로 혹은 옆으로 뉘어 재운다.

② 안기 : 목을 가누지 못하므로 손바닥 전체로 아기의 목을 받치고, 다른 한 손으로 엉덩이 아래를 받쳐 안는다.

③ 수유하기 : 한꺼번에 많이 먹지 못하므로 두세 시간마다 수유한다. ➔ 수유 후 아기를 똑바로 세워 안고 등을 가볍게 쓸어내려 트림을 시킨다.

④ 기저귀 갈기 : 피부가 약하기 때문에 수시로 확인하여 갈아 주고, 아기의 건강과 환경 보호를 위해 천 기저귀를 사용하는 것이 좋다.

⑤ 목욕시키기

ㄱ 갈아입힐 옷을 준비한 후 38~40℃의 목욕물에 얼굴, 머리, 몸의 순서로 닦아 준다.
(거즈로 얼굴 닦기 ➔ 머리 감기 ➔ 앞쪽 씻기 ➔ 등과 엉덩이 씻기 ➔ 헹구기 ➔ 물기 닦기 ➔ 옷 입히기)

ㄴ 배꼽이 떨어지기 전에는 부분 목욕이 좋고, 목욕 후 알코올 솜으로 배꼽을 소독한다.

2. 영아기의 발달 특징과 돌보기

(1) 영아기 발달 특징

① 신체 발달 : 생후 1년간 출생 시 신장의 1.5배, 체중의 3배가 증가하며, 생후 6개월부터 젖니가 나기 시작한다.

② 사회·정서 발달 : 애착 형성, 6~8개월경 낯가림이 시작된다.

③ 언어 발달 : 울음(출생~2개월) ➔ 옹알이(2~3개월) ➔ 한 단어(1년) ➔ 두 단어(2년)

④ 인지 발달 : 5개월경 입으로 물건을 탐색하고, 9개월경 물체가 보이지 않아도 실제로 존재함을 인지한다(대상 영속성).

⑤ 운동 기능 발달 : 목 가누고 뒤집기(3~4개월) ➔ 물건 혼자 집기(5~6개월) ➔ 혼자 앉기(7~8개월) ➔ 물건 잡고 일어나기(9~10개월) ➔ 혼자 서기(11~12개월) ➔ 혼자 걷기(13~15개월)

(2) 영아 돌보기

① 이유식 먹이기 : 생후 6개월 이후에 아기의 발육과 건강을 고려하여 '미음 → 죽 → 밥' 순서로 먹인다.

② **대소변 가리기** : 대소변 가리기는 2세경부터 시작하여 3세 전후로 가릴 수 있게 되지만, 무리한 강요는 아이의 성격에 좋지 않은 영향을 끼칠 수 있으므로 의사 표현이 가능한 시기에 천천히 시도하도록 한다.

③ **놀이 지도하기** : 놀이를 통해 신체 성장, 감각 기능, 운동 기능이 발달한다.

④ **애착 형성하기** : 신체 접촉을 통해 신뢰감과 애착이 형성된다.

3. 유아기의 발달 특징과 돌보기

(1) 유아기 발달 특징

① **신체 발달**

   ⊙ 팔다리가 길어지고 머리의 비율이 낮아져 성인과 비슷한 신체 비율이 된다.

   ⊙ 5세가 되면 뇌의 무게가 성인의 90%에 이른다.

② **사회·정서 발달** : 자아 개념을 형성하고, 독립심이 발달한다.

③ **언어 발달**

   ⊙ 어휘의 수가 급격히 증가하고, 폭발적으로 언어가 발달한다.

   ⊙ 호기심이 많아져 끊임없이 질문한다.

④ **운동 기능 발달** : 눈과 손이 협응 발달하며, 소근육 운동 기능이 발달한다.

(2) 유아기 사고의 특징

① **상징적 사고** : 물체에 의미를 부여하며 눈앞에 없는 것을 상상하고 소꿉놀이나 병원 놀이와 같은 가상 놀이를 한다.

② **물활론적 사고** : 모든 사물이 살아 있다고 생각한다.

③ **자기중심적 사고** : 자신의 입장에서만 생각한다.

④ **직관적 사고** : 사물의 여러 가지 특성 중 한 가지 측면으로 사물을 판단한다.

⑤ 보존 개념을 획득하지 못하여 긴 병에 담긴 액체의 양이 더 많다고 생각한다.

(3) 유아 돌보기

① **언어 지도** : 정확한 발음으로 다양한 이야기를 들려주고, 자유롭게 생각을 표현할 수 있는 기회를 준다.

❯ **유아기**
만 2~6세까지의 시기로, 인지 능력과 언어가 크게 발달하여 타인과 상호 작용하면서 주변을 탐색하는 시기이다.

❯ **보존 개념**
물체의 형태가 바뀌어도 양은 변하지 않는다는 것을 아는 능력이다.

② 생활 습관 지도 : 식사, 수면, 옷 입기, 위생, 예절 등 기본적인 생활 습관이 올바르게 형성될 수 있도록 지도한다.

③ 놀이 지도 : 놀이를 통하여 신체, 인지, 사회성, 창의성이 발달하도록 한다.

(4) 우리나라의 전통 육아법 '단동십훈'

① 의미 : 우리나라에서 전통적으로 전해 내려오는 육아법으로 젖먹이의 인지 발달을 돕는 방법이다.

② 도리도리 : 머리를 좌우로 흔드는 동작으로 다른 사람의 입장을 살펴 일의 이치에 맞게 살라는 의미이다.

③ 곤지곤지 : 오른손 집게손가락으로 왼쪽 손바닥을 찍는 시늉을 하며 땅＝곤의 의미를 깨닫게 하는 것이다.

④ 잼잼 : 두 손을 쥐었다 폈다 하면서 '쥘 줄 알았으면 놓을 줄도 알라'는 깨달음을 은연중에 가르치는 것이다.

⑤ 섬마섬마 : 남에게 의존하지 말고 스스로 일어서 굳건히 살라는 뜻에서 아이를 손바닥 위에 올려 세우는 시늉을 하는 것이다.

⑥ 짝짜꿍 짝짜꿍 : 음양의 결합, 천지의 조화 속에 흥을 돋우라는 뜻에서 두 손바닥을 마주치며 박수를 치는 것이다.

4. 아동기의 발달 특징과 돌보기

(1) 아동기 발달 특징

① 신체 발달

  ㉠ 젖니가 빠지면서 영구치로 교체된다.

  ㉡ 어깨가 넓어지고 팔다리가 길어진다.

② 사회 · 정서 발달 : 동성 또래와의 우정이 발달하며, 사회화를 통해 도덕적 규범을 알아간다.

③ 인지 발달

  ㉠ 타인의 관점을 이해하고, 논리적 사고 및 기억력과 집중력이 발달한다.

  ㉡ 보존 개념과 가역성 개념을 이해한다.

④ 운동 기능 발달 : 근육의 힘과 체력이 증가하며, 정교하고 섬세한 운동 능력이 향상된다.

(2) 아동 돌보기

① 도덕적 규칙과 규범을 준수하고, 도덕성 발달을 돕는다.

❯ 아동기
만 6~12세까지로 초등학교에 다니는 시기이다.

❯ 가역성 개념
어떤 사물이나 현상의 진행 과정을 거꾸로 밟아 가는 능력이다.

② 칭찬과 격려로 의욕을 북돋아 주며, 학습을 통한 지식의 기쁨을 느끼게 한다.
③ 또래 집단에 관심을 가지며, 올바른 생활 습관을 형성할 수 있도록 지도한다.

2 가족 문화와 세대 간 관계

1. 가족 문화의 의미와 특징

(1) 의미
가족이 공동의 목표를 가지고 서로 협력하여 가정생활을 영위하는 과정에서 형성되고 공유하는 문화

(2) 가족 문화의 중요성
바람직한 방향으로 가족 문화를 형성·발전시킴으로써 행복하고 건강한 가족 및 사회를 이루어 나간다.

(3) 가족 문화의 변화 요인
산업화, 도시화, 세계화, 개인주의·양성평등 의식 확대, 여성의 사회 진출 증가 등

2. 세대의 의미와 특징

(1) 의미
공통된 경험을 바탕으로 비슷한 의식이나 생활 습관을 전개하는 일정 범위의 연령층이나 생애 단계

(2) 특징
① 급속한 사회 변화는 세대 간 경험의 차이를 크게 만들어 가치관, 태도, 행동 등에서의 세대 차이로 세대 간 긴장을 일으킨다.
② 가족생활에도 세대 차이와 세대 간 갈등이 내재한다.

(3) 세대 간 조화로운 관계를 유지하기 위한 방법
① 서로의 문화 이해 및 견해 차이 존중
② 세대 간 편견 없이 열린 마음으로 의사소통
③ 세대 간 즐거운 상호 작용이 있는 여가 생활로 가족의 유대감 증진

> **현대 사회에 등장한 다양한 삶의 방식**
> * 캥거루족 : 취업을 하지 않고 부모와 함께 살거나, 취업은 했지만 경제적으로 독립하지 못하고 부모에게 의존하는 젊은 세대를 의미함.
> * 딩크족(DINK ; Double Income, No Kids) : 결혼을 하되, 아이를 두지 않는 맞벌이 부부를 의미함.
> * 통크족(TONK ; Two Only No Kids) : 손자, 손녀를 돌보느라 시간을 빼앗기던 전통적인 할아버지와 할머니의 역할을 거부하고, 자신들만의 삶을 즐기려는 노인 세대를 의미함.
> * 파이어족(Financial Independence Retire Early) : 경제적 자립을 이루어 자발적 은퇴를 추진하는 사람들을 의미함.

PART 01 기출 및 적중예상문제

정답 및 해설 p. 2

01 ▶ 인간 발달

01 다음 중 스턴버그의 사랑의 구성 요소로 옳지 않은 것은?

① 경쟁
② 열정
③ 헌신
④ 친밀감

02 스턴버그(Sternberg, R.)의 사랑의 삼각형 이론에서 (가)의 요소만 있는 사랑의 유형은?

> 성숙한 사랑을 이루는 요소에는 친밀감, 헌신, ☐(가)☐이 있다.

① 낭만적 사랑
② 도취성 사랑
③ 얼빠진 사랑
④ 우애적 사랑

03 스턴버그(Sternberg, R.)의 사랑의 삼각형 이론 중 다음 설명에 공통으로 해당하는 사랑의 유형은?

> • 오래된 친구처럼 의지하고 지내는 관계에서 발견된다.
> • 친밀감과 헌신은 크고 열정은 작은 동반자적 사랑이다.

① 얼빠진 사랑
② 열정적 사랑
③ 우애적 사랑
④ 쾌락적 사랑

04 결혼에 대한 설명으로 옳지 않은 것은?

① 남녀 모두 만 18세 이상이어야 혼인이 가능하다.
② 미성년자는 부모나 후견인의 동의를 얻어야 한다.
③ 성숙한 남녀의 신체적·정신적·사회적·경제적 결합이다.
④ 우리나라에서는 결혼식을 통해 법적인 책임의 관계가 성립된다.

05 우드리(Udry, R.)의 배우자 선택 여과망 이론 중 다음에 해당하는 것은?

> • 사회적 배경 여과망 이전 단계이다.
> • 개인의 외모, 인성 등에 매력을 느끼며 호감을 갖는 상대를 선택한다.

① 매력 여과망
② 의견 일치 여과망
③ 지리적 근접성 여과망
④ 결혼 준비 상태 여과망

06 우리나라에서 결혼의 법적 요건으로 옳은 것을 〈보기〉에서 고른 것은?

> **보기**
> ㄱ. 이중 결혼을 허용한다.
> ㄴ. 8촌 이내 혈족의 근친혼을 허용한다.
> ㄷ. 혼인 신고를 해야 법적 부부로 인정받는다.
> ㄹ. 만 18세 이상이면 부모의 동의 없이 결혼이 가능하다.

① ㄱ, ㄴ   ② ㄱ, ㄹ
③ ㄴ, ㄷ   ④ ㄷ, ㄹ

07 다음 설명에 해당하는 부모의 양육 태도는?

> • 부모는 자녀의 의견과 자율성을 인정하고 독립된 인격체로 존중한다.
> • 자녀는 자율성과 책임감이 강하며 안정된 정서를 보인다.

① 민주적 양육 태도
② 방임적 양육 태도
③ 과잉보호적 양육 태도
④ 권위주의적 양육 태도

08 방임형 양육 태도의 특징으로 적절한 것을 〈보기〉에서 고른 것은?

> **보기**
> ㄱ. 규칙이나 통제가 없다.
> ㄴ. 자녀의 자율성을 인정하지 않는다.
> ㄷ. 자녀가 멋대로 하도록 내버려 둔다.
> ㄹ. 부모의 권위를 내세워 자녀를 통제한다.

① ㄱ, ㄴ   ② ㄱ, ㄷ
③ ㄴ, ㄹ   ④ ㄷ, ㄹ

09 다음 설명과 같은 피임 방법은 무엇인가?

> 정관을 묶거나 잘라 정자가 밖으로 나가지 못하게 하는 방법이다.

① 루프   ② 콘돔
③ 정관 수술   ④ 먹는 피임약

10 다음 (가)와 (나)에 해당하는 생식 기관으로 옳은 것은?

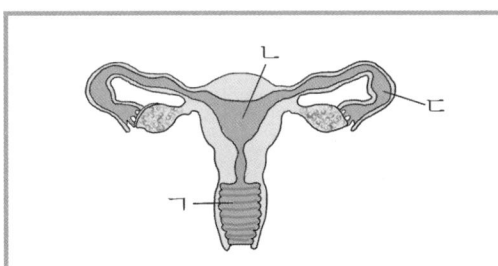

(가) : 태아가 성장 · 발달한다.
(나) : 난자와 정자가 만나 수정이 이뤄진다.

	(가)	(나)
①	ㄱ	ㄷ
②	ㄴ	ㄱ
③	ㄴ	ㄷ
④	ㄷ	ㄴ

11 다음 설명에 해당하는 것은?

> 여성의 배란기에 맞추어 남성의 정액을 인공적으로 자궁 내에 넣어 임신을 유도하는 방법이다.

① 인공 수정   ② 기초 체온법
③ 라마즈 분만   ④ 르봐이예 분만

12 다음에서 설명하는 태아 발달 시기는?

> • 수정 후 약 2주부터 8주 정도까지의 기간 이다.
> • 신체의 주요 기관이 형성되는 시기로 선천성 기형 발생률이 높다.

① 개구기   ② 배아기
③ 애착기   ④ 신생아기

13 태아가 자유롭게 움직일 수 있도록 하고, 외부의 충격으로부터 태아를 보호하는 모체의 기관은?

① 자궁   ② 양수
③ 태반   ④ 탯줄

14 태아의 성장을 돕는 기관이나 부속물에 대한 설명으로 옳은 것은?

① 탯줄 – 모체의 유해 물질을 해독한다.
② 태반 – 모체와 태아를 연결하는 통로이다.
③ 양막 – 태아를 둘러싸고 있는 보호막이다.
④ 양수 – 산소와 영양분을 공급하고 유해 물질을 막아 준다.

15 다음 (가)와 (나)에 해당하는 것은?

> (가) 분만 전에 보이는 소량의 출혈이다.
> (나) 출산 후 자궁과 산도에 상처가 생겨 혈액과 분비물이 섞여 나오는 것이다.

	(가)	(나)
①	양막	양수
②	양수	이슬
③	오로	태반
④	이슬	오로

16 다음 중 출산 과정을 순서대로 바르게 배열한 것은?

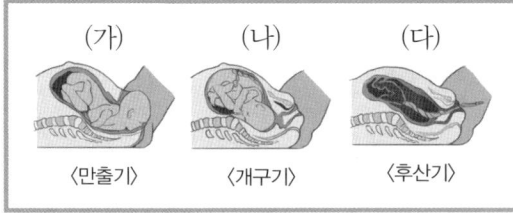

〈만출기〉 〈개구기〉 〈후산기〉

① (가) → (나) → (다)
② (나) → (가) → (다)
③ (나) → (다) → (가)
④ (다) → (나) → (가)

17 다음에서 설명하는 출산 과정은?

　자궁 입구가 완전히 열려 태아가 모체 밖으로 나오는 시기로, 진통이 1~2분 간격으로 오며 통증이 가장 심한 시기이다.

① 개구기　　　② 만출기
③ 후산기　　　④ 산욕기

18 다음 설명에 해당하는 것은?

- 일반적으로 출산 후 6~8주 정도의 기간이다.
- 출산 후 산모의 몸이 임신 전 상태로 회복되는 시기이다.

① 개구기　　　② 산욕기
③ 태아기　　　④ 후산기

19 다음 중 출산과 관련된 설명으로 옳지 <u>않은</u> 것은?

① 출산 후 혈액이 섞여 있는 분비물인 오로가 나온다.
② 이슬이나 주기적 진통은 출산이 시작되는 징후이다.
③ 출산 후 호르몬의 변화로 산후 우울증을 겪기도 한다.
④ 출산 과정 중 개구기는 태반, 탯줄이 나오는 시기이다.

02 **가족 관계**

20 다음 설명의 원인으로 적절한 것을 〈보기〉에서 고른 것은?

　신생아는 생후 3~4일 동안 일시적으로 체중이 감소한다.

┤ 보기 ├
ㄱ. 반사 행동
ㄴ. 태변 배설
ㄷ. 감각 기능의 발달
ㄹ. 피부의 수분 증발

① ㄱ, ㄴ　　　② ㄱ, ㄷ
③ ㄴ, ㄹ　　　④ ㄷ, ㄹ

21 발바닥을 살짝 긁으면 발가락을 폈다가 오므리는 반사 행동의 이름으로 옳은 것은?

① 잡기 반사　　② 모로 반사
③ 걷기 반사　　④ 바빈스키 반사

22 신생아의 반사 행동 중 놀라면 양팔과 다리를 벌렸다가 금방 몸 안쪽으로 오므리는 반응의 반사는?

① 잡기 반사　　② 모로 반사
③ 걷기 반사　　④ 바빈스키 반사

23 다음에서 알 수 있는 아기의 발달 시기는?

• 온몸에 솜털이 나 있다.
• 탯줄이 배꼽에서 떨어진다.

① 태아기　　② 신생아기
③ 유아기　　④ 아동기

24 다음 중 신생아기의 특징으로 가장 적절한 것은?

① 영구치가 나기 시작한다.
② 인지적 발달로 보존 개념을 형성한다.
③ 암녹색의 끈적끈적한 태변을 배설한다.
④ 섬세한 감정을 말과 글로 표현할 수 있다.

25 영아기의 발달 특징으로 가장 적절한 것은?

① 2차 성징이 나타난다.
② 보존 개념을 획득한다.
③ 제1차 성장 급등이 일어난다.
④ 젖니가 빠지고 영구치가 난다.

26 유아기의 발달 특징으로 적절하지 <u>않은</u> 것은?

① 모로 반사가 시작된다.

② 언어, 인지, 운동 능력 등이 크게 발달한다.

③ 물체가 보이지 않아도 실제로 존재함을 인지한다.

④ 부모 및 또래와의 대화를 통해 자율적인 존재로 성장한다.

27 다음과 같은 언어 발달을 이루는 시기로 옳은 것은?

> 어른과 다른 독특한 언어를 사용하며, 사용하는 단어 수가 급증하고 문장으로 말할 수 있다.

① 영아기

② 유아기

③ 아동기

④ 청소년기

28 물활론적 사고에 대한 설명으로 옳은 것은?

① 모든 사물이 살아 있다고 생각한다.

② 다른 사람의 관점을 이해하지 못한다.

③ 퍼즐 맞추기와 같은 정교한 활동을 할 수 있다.

④ 물체에 의미를 부여하여 물체를 상상하여 생각한다.

29 다음과 같은 특징이 나타나는 시기는?

> 컵의 모양이 달라져도 물의 양은 같다는 보존 개념이 형성된다.

① 신생아

② 영아기

③ 유아기

④ 아동기

30 건강한 가족 문화에 대한 설명으로 적절하지 <u>않은</u> 것은?

① 이웃과 책임감 있는 공동체 관계를 유지한다.

② 부부 관계는 수직적이며 역할을 공평하게 분담한다.

③ 가족원이 서로 애정과 감사한 마음을 잘 표현한다.

④ 위기 상황이 발생하면 효과적으로 대처할 수 있다.

합격을 위한 최적의 교재!

고졸 검정고시 기술·가정

✪ 이 단원은 우리나라의 전통적인 의·식·주 문화를 탐구한다. 한식의 우수성과 다른 나라의 식생활 문화를 이해할 수 있으며, 한복의 미적·기능적 특징과 다른 나라의 의생활 문화를 이해할 수 있다. 또한 한옥의 가치와 다른 나라의 주생활 문화를 이해할 수 있다. 생애 주기별로 발생할 수 있는 가족생활과 신변 안전사고 발생 사례의 원인과 영향을 분석할 수 있으며, 예기치 못하게 발생하는 가족 문제의 종류와 영향을 분석할 수 있다.

01 가정생활

- 한식의 우수성과 다른 나라의 식생활 문화를 이해할 수 있다.
- 한복의 미적·기능적 특징과 다른 나라의 의생활 문화를 이해할 수 있다.
- 한옥의 가치와 다른 나라의 주생활 문화를 이해할 수 있다.

1 한식과 건강한 식생활

1. 우리나라의 식생활 문화

(1) 우리나라 식생활 문화의 특징과 우수성

① 식품의 저장성을 높이기 위해 발효 식품이 발달하였으며, 건강에 좋고 영양적으로 우수하다.

② 주식으로는 곡류를, 부식으로는 채소류, 육류, 어패류 등 다양한 식품을 섭취한다. 육류보다 채소의 이용이 많아 영양적으로 균형 잡힌 식생활을 영위한다.

③ 음식의 종류와 요리법이 다양하게 발달하여 식생활이 풍요롭고, 갖은양념이 발달하여 풍부한 맛을 낸다.

④ **약식 동원(藥食同源)** : '약과 음식은 그 근원이 같다'는 말로, 음식을 통해 건강을 유지하고자 하였다.

  예 약리 작용을 하는 생강, 계피, 쑥, 당귀, 오미자, 구기자, 인삼 등의 식재료를 사용한다.

(2) 시절식, 의례식의 발달

① **시절식** : 계절에 따라 나는 식재료로 만든 음식, 명절에 먹는 음식

  예 떡국(설날, 음력 1월 1일), 부럼(정월 대보름, 음력 1월 15일), 진달래 화전(삼짇날, 음력 3월 3일), 삼계탕(복날, 음력 6~7월), 송편(추석, 음력 8월 15일), 팥죽(동짓날, 음력 11월 중)

② **의례식** : 통과 의례를 중요하게 여겨 의례 때마다 특별하게 차린 음식

  예 백일상, 돌상, 혼례상, 제례상 등

◆ 발효 식품
간장, 된장, 청국장 등의 장류는 콩으로 만든 대표적인 발효 식품으로 발효 과정에서 생긴 유익한 물질이 뇌 기능을 향상시키고, 혈관 질환과 골다공증을 예방하며, 항암 효과가 있다.

◆ 고명
음식의 모양과 빛깔을 돋보이게 하고 음식의 맛을 더하기 위하여 음식 위에 얹거나 뿌리는 것을 이르는 말이다.

2. 다른 나라의 식생활 문화

자연환경, 전통, 종교, 생활 양식 등에 영향을 받아 형성되고 발전하였다.

나라	음식의 특징
프랑스	• 식재료가 다양하고 풍부하여 음식 문화가 발달함. • 맛과 시각을 중요시하며, 달팽이 요리(에스카르고)와 거위 간 요리(푸아그라) 등이 대표적임.
튀르키예	• 다양한 음식 문화가 발달함. • 케밥, 양고기, 생선 튀김 등이 대표적임.
일본	• 향신료가 적고 담백한 맛과 차 문화가 발달함. • 식품에 가능하면 가공을 하지 않고 자체의 맛을 살려 냄. • 초밥, 우동 등이 대표적임.
인도	• 종교 영향으로 채식주의자가 많음. • 남부는 힌두교의 영향으로 소고기를 금하고, 북부는 이슬람교의 영향으로 돼지고기를 금함. • 카레, 난 등이 대표적임.
태국	• 쌀을 주식으로 하며, 쌀국수를 즐겨 먹음. • 해산물, 열대 과일, 생선을 즐기고 향신료를 많이 사용하여 자극적이고 화려한 맛이 특징임.
멕시코	• 고추, 파, 마늘을 사용하여 자극적이고 매콤한 맛을 내며 다양한 향신료를 사용함. • 옥수수로 만든 토르티야와 옥수수 음료인 아톨레를 주식으로 함.
이탈리아	• 음식 재료가 풍부하고, 파스타가 발달하였으며, 해산물을 다양하게 조리함. • 올리브를 많이 이용하며, 다양한 향신료와 포도주로 만든 식초를 사용함.
중국	• 지리적 특성에 따라 베이징, 상하이, 광저우, 쓰촨 등 네 가지 유형의 요리로 나뉨. • 조리할 때 기름을 많이 사용하며, 한 그릇에 한 가지 요리를 담아 각자 덜어 먹음. • 북경오리, 딤섬 등이 대표적임.

❍ 인도의 난(naan)
발효 밀가루 반죽을 탄두르(진흙 오븐)에 넣어 잎사귀 모양으로 구워 낸 인도의 빵이다.

❍ 중국의 딤섬
중국식 작은 만두 요리

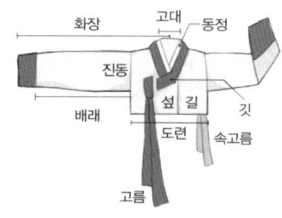

❷ 한복의 명칭

❷ 전통 의례복
돌복, 혼례복, 상례복, 제례복 등을
상황과 예의에 맞게 활용하였다.

❷ 색동저고리
돌이나 명절에 어린아이가 입는 저
고리로 음양오행에 따라 액땜을 하
고 복을 받기 위해 소매에 5방색을
이어붙였다.

❷ 철릭
조선시대 무신이 입던 옷

❷ 조바위
추울 때에 여자가 머리에 쓰는 물건

❷ 대수장군
조선시대 이래 상례 때 저고리와
치마를 하나로 연결하여 만든 여성
상복

❷ 차이니스칼라
옷깃이 곧게 세워진 스탠드업 칼라
의 일종이다.

---

2 한복과 창의적인 의생활

1. 우리나라의 의생활 문화

(1) 한복

① 우리나라 기후 풍토와 생활 양식에 알맞게 정착된 전통 의상으로, 민족의 정서와 삶을 담은 생활 문화유산이다.

② 현대 사회에서 한복은 주로 예복이나 특별 행사를 위한 의복으로 활용되고 있지만, 최근 한복의 우수성을 인식하여 다양한 용도로 활용하려는 움직임이 일어나고 있다.

(2) 한복의 미적 특징

① 형태 : 품이 넉넉하여 어떤 체형이든 구애받지 않고 입을 수 있으며, 신체적 결함을 감출 수 있다.

② 선 : 평면적인 의복이지만 입으면 입체감이 살아나면서 부드럽고 우아한 선이 만들어진다. 곡선과 직선이 조화를 이루며, 한복을 입고 움직일 때 나타나는 선의 흐름이 단아하고 아름답다.

③ 색채 : 흰색 한복은 소박한 아름다움이 있으며 신성함과 청렴 결백함을 표현한다. 음양오행 사상을 바탕으로 5방색을 사용하여 화려하면서도 품위 있는 아름다움을 나타낸다.

④ 문양 : 좋은 일을 기원하는 문양을 금박이나 수로 새겨 넣어 아름다움을 표현한다.

연꽃	십장생	호랑이, 용	학
자손의 번창, 청렴	장수	신분의 고귀함	좋은 운수

2. 다른 나라의 의생활 문화

(1) 의생활은 그 나라의 기후나 풍토, 사회·문화의 영향을 받아 지역마다 고유한 형태의 전통 의상이 나타나며, 전통 의상을 통해 각 민족의 정체성을 확인할 수 있다.

(2) 세계 여러 나라의 전통 의상

중국	치파오 : 청나라 때 만들어진 전통 의상으로 만주족이 입던 옷에서 유래하여 만주족과 한족 문화의 융합 형태로 발전함. 상하가 붙어 있는 형태에 차이니스칼라, 매듭 단추로 앞여밈을 하는 것이 특징임.

일본	기모노 : 여성의 전통 의상으로 발목까지 내려오는 길이에 소매가 넓음. 앞이 터져 있어 앞길을 여며 오비(허리띠)로 두르고 등 뒤쪽에서 사각 모양으로 접어 묶음.
인도	사리 : 여성의 전통 의상으로 긴 천을 허리에 둘러 어깨에 고정하는데, 착용 방법에 따라 신분 제도에 따른 계급을 표시하기도 함.
멕시코	판초 : 가운데 구멍을 내어 머리가 나오도록 뒤집어쓰는 형태의 망토로, 방한을 위해 담요로도 사용함. 챙이 넓고 끝이 말려 올라간 모자(솜브레로)를 씀.
베트남	아오자이 : 여성의 전통 의상으로 웃옷의 옆이 길게 트여 있고 옷깃은 스탠드칼라임. 야자나무 잎으로 만든 모자(논)를 씀.

> ❯ 사리
> 힌두교의 풍습으로 바느질하지 않은 여성의 전통 의상이다.

> ❯ 스탠드칼라
> 옷깃이 곧게 서 있으며 접어 넘기지 않은 칼라이다.

PART 02

3 한옥과 친환경 주생활

1. 우리나라의 주생활 문화 – 한옥의 가치

(1) 친환경적

주변 경관을 훼손하지 않으면서 자연과 조화를 이루며, 건축 재료의 자연적인 모양을 그대로 이용하기도 한다.

(2) 지속 가능한 주거

나무, 돌, 흙 등의 천연 재료를 사용한다.

(3) 쾌적한 주거 환경

기단	바닥에 기단을 쌓고 그 위에 집을 지어 땅으로부터 올라오는 습기를 줄이고 통풍을 원활하게 함.
대청마루	여름에 마주 보는 문을 열어 두면 앞마당과 뒤뜰의 공기가 대류에 의해 이동하여 통풍이 잘됨.
창과 문	창호지는 습도 조절, 단열 및 통풍 효과, 채광 조절 효과, 창살은 황금비에 따른 디자인 원리를 적용함.
온돌의 원리	아궁이에 불을 때면 열기가 방바닥의 구들을 데우고 굴뚝을 통해 연기가 빠져나감. 구들을 데우면서 발산되는 원적외선이 체온을 올려줌.
처마의 길이와 경사각	여름의 뜨거운 햇빛을 막아 주고, 겨울에는 실내 깊숙이 햇빛이 들어오게 함.
앞마당과 뒤뜰의 온도 차	태양열이 마당을 데워 뜨거워진 공기가 위로 올라가면 마루 뒤에서 시원한 바람이 불어옴.

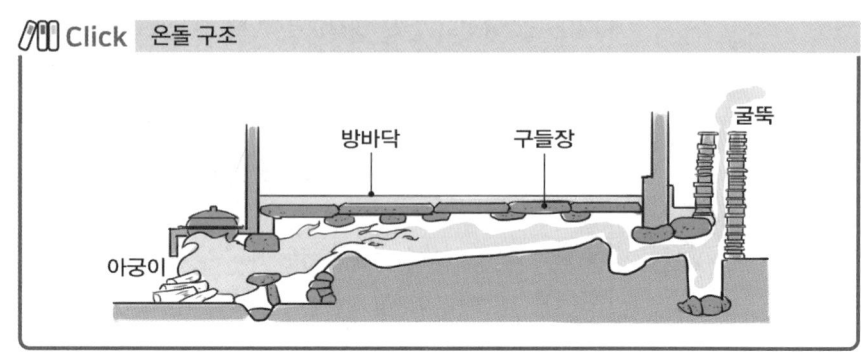

Click 온돌 구조

방바닥　구들장　굴뚝

아궁이

2. 자연환경에 따른 다양한 주생활 문화

(1) 다른 나라의 주생활 문화

　　주거 공간은 그 나라의 기후, 건축 재료, 종교, 가치관, 생활 양식 등 모든 영역의 문화를 반영한다.

(2) 기후에 따른 주생활 문화

열대 기후	개방적 구조가 나타나며 강수량이 많아 지붕의 경사가 급함. **예** 고상 가옥, 수상 가옥
건조 기후	• 사막 : 흙집(평평한 지붕, 작은 창문, 두꺼운 벽) • 초원 : 이동식 가옥(게르)
온대 기후	• 지중해성 기후 : 하얗게 칠한 외벽, 작은 창문 • 계절풍 기후 : 냉·난방 시설이 함께 발달함.
냉대 기후	주변에 침엽수를 이용한 통나무집
한대 기후	폐쇄적 구조, 이글루, 고상 가옥

(3) 세계 여러 나라의 주생활 문화

몽골	유목 생활을 하기 때문에 쉽게 해체와 설치가 가능한 게르가 만들어졌으며, 춥고 건조한 기후로 동물의 가축이나 털을 사용함.
일본	지진이 많이 발생하여 목재를 이용한 가구식 구조가 보편적이고, 실내는 다다미로 이루어져 있음.
브라질	말로까라는 전통 주택은 나무와 나뭇잎으로 지어졌으며, 방수 효과가 크고 견고함.
알래스카	이글루라는 눈으로 만든 얼음집은 겨울철 주거 또는 임시 주거지로 사용됨. 벽과 천장은 동물의 가죽으로 둘러싸서 내부의 온기로 벽이 녹는 것을 막음.

◐ 고상 가옥

지붕의 경사가 급하며 뜨거운 열기, 습기를 차단하기 위해 바닥을 지면에서 띄워 만든 가옥

◐ 게르

◐ 침엽수

냉대 기후는 잎사귀가 뾰족한 침엽수가 주로 자라며, 침엽수림 지역을 타이가 지대라 한다.

◐ 이글루

3. 친환경 주생활

(1) 환경 보전을 위해 에너지와 자원의 절약과 폐기물 처리를 고려하고, 주변 자연환경과 조화를 이루며 건강하고 쾌적한 삶을 추구하는 주생활을 말한다.

(2) 친환경적인 주생활을 실천하는 방법
에너지 절약, 자원의 재활용, 신·재생 에너지 이용 등

02 가족 안전

- 생애 주기별로 발생할 수 있는 가족생활과 신변 안전사고 발생 사례의 원인, 그 영향을 분석할 수 있다.
- 예기치 못하게 발생하는 가족 문제의 종류와 영향을 분석할 수 있다.

1 가족의 생애 주기별 안전

1. 안전의 중요성

(1) 안전

일상생활 속에서 뜻하지 않은 사고나 위험으로부터 정신적·신체적 손상을 없애 편안하게 하는 상태

(2) 안전사고의 예방법

① 생애 주기별로 발생할 수 있는 생활 안전사고와 신변 안전사고의 원인과 영향을 분석하고 예방 및 대처 방법을 수립해야 한다.

② 단순히 사고의 원인이나 안전 수칙만을 교육하는 것에 그치지 않고, 자신에 대하여 보호할 수 있도록 운동 능력을 기르고 안정된 정서를 갖도록 해야 한다.

2. 생애 주기별 안전사고의 예방과 대처

(1) 영·유아기

특징	영·유아는 자신의 감정과 정서를 통제하고 관리하는 능력이 매우 부족하여 안전사고의 위험이 높음.
종류	영아 돌연사, 질식, 삼킴, 낙상 등
예방법	영·유아에게 안전한 환경을 마련해 주고, 부모 교육과 안전 의식 제고를 통해 예방 가능함.

(2) 아동기, 청소년기

특징	• 가정, 학교, 체험 학습 현장 등 장소 및 상황별로 다양한 사고가 일어날 수 있음. • 가장 많은 시간 동안 생활하는 학교에서 교실 안전사고가 빈번하게 일어남.
종류	• 아동기 : 실종, 유괴, 아동 학대 등 • 청소년기 : 성폭력, 학교 폭력, 가출 등

예방법	• 아동기 : 아동에게 많은 주의를 기울여야 함. • 청소년기 : 체험 활동이나 물놀이, 교통안전 및 교내 안전사고 방지를 위한 안전 교육 실시. 성폭력을 당한 경우 혼자 힘들어하지 말고 주변에 도움을 요청하거나 112에 신고

(3) 성인기

특징	집안일을 하던 중 부주의로 다치거나 산업 현장에서 재해 또는 과로 등으로 발생하는 안전사고가 많음.
종류	추락 등으로 인한 골절, 타박상, 가정 폭력 등
예방법	조리나 다림질 등을 할 때 주의하고, 직종에 따른 안전 교육을 지속적으로 받아 산업 재해 예방

(4) 노년기

특징	• 신체 기능 저하와 수입 감소로 인한 열악한 주거 환경으로 인해 사고 위험에 노출됨. • 사고에 대한 방어력이 낮고 체력이 떨어져 작은 사고로도 큰 피해를 입을 수 있음.
종류	노인 학대, 금융 사기, 욕실이나 계단 및 도로 등에서 넘어지거나 미끄러짐.
예방법	가정과 사회에서 안전한 환경 조성, 스스로 안전하게 행동, 노인 학대 예방 교육

2 가족의 치유와 회복

1. 가족 문제 치유와 회복의 필요성

(1) 가족 문제의 의미

가족생활을 지속하는 데 필요한 가족의 기능에 장애를 가져오는 문제는 물론, 가족의 기능에 장애를 가져오지는 않지만 가족생활에 어려움을 초래하는 가족과 관련된 모든 문제

(2) 가족 문제 치유와 회복의 필요성

① 가족 문제는 가족에게 신체적·정서적·경제적·사회적 어려움을 초래할 수 있다.

② 가족의 위기는 사회의 불안정 요소가 될 수 있으므로 예방 및 해결을 위한 정책 지원, 가족 상담 및 치료 등이 필요하다.

2. 가족 문제의 해결 방안

(1) 문제가 발생하면 즉시 대처하여 효과적으로 해결해야 한다.

(2) 문제를 극복하기 위해서는 가족 구성원들의 반응과 역량이 중요하다.

(3) 가족 회복 탄력성을 높인다.

Click 회복 탄력성

가족 문제와 같은 어려움을 도약의 발판으로 삼아 새로운 변화의 기회로 받아들이는 반응과 태도이다. 이러한 회복 탄력성은 문제에 휘둘리지 않고 이를 극복하여 전보다 더욱 발전된 상태로 성장해 갈 수 있는 원동력이 된다. 회복 탄력성을 높일 수 있는 방안은 다음과 같다.

- 첫째, 긍정적 의미 발견하기
- 둘째, 다양한 대응 전략 개발하기
- 셋째, 사회적 지원 체계 활용하기
- 넷째, 공감하고 지지해 주는 사회적 관계 가지기 등이 있다.

PART 02 기출 및 적중예상문제

정답 및 해설 p. 5

01 ▶ 가정생활

01 다음 설명에 해당하는 식품으로 옳은 것만을 〈보기〉에서 모두 고른 것은?

> 우리나라는 젖산균이나 효모 등 미생물의 발효 작용을 이용한 다양한 발효 식품이 발달하였다.

┤ 보기 ├
> ㄱ. 김치   ㄴ. 된장   ㄷ. 들기름

① ㄱ   ② ㄷ
③ ㄱ, ㄴ   ④ ㄴ, ㄷ

02 다음 설명에 해당하는 한식의 특징은?

> • 약과 음식의 근본은 같다는 의미이다.
> • 약리 작용을 하는 음식 재료를 사용한다.

① 약식 동원
② 명절 음식 발달
③ 제철 음식 발달
④ 주식과 부식의 조화

03 다음 설명에 해당하는 것만을 〈보기〉에서 모두 고른 것은?

> 절기와 명절에는 그 뜻을 담아 절식을 먹으며 영양을 보충하였다.

┤ 보기 ├
> ㄱ. 설날의 떡국
> ㄴ. 추석의 쑥국
> ㄷ. 정월 대보름의 부럼

① ㄱ   ② ㄴ
③ ㄱ, ㄷ   ④ ㄴ, ㄷ

04 다음 (가)에 해당하는 시절식은?

> 이날은 24절기의 하나로, 일 년 중 낮이 가장 짧고 밤이 가장 긴 날이다. 이날에는 (가) 을 먹는 풍습이 있는데, 이는 액을 막고 잡귀를 없애 준다는 의미가 있다.

① 떡국   ② 송편
③ 팥죽   ④ 삼계탕

05 옥수수로 만든 토르티야와 같은 음식이 발달한 나라는?

① 인도   ② 태국
③ 프랑스   ④ 멕시코

06 다음과 같은 식생활 특징을 가진 나라는?

> - 쌀을 주식으로 하며, 쌀국수를 즐겨 먹는다.
> - 해산물, 열대 과일, 생선을 즐기고 향신료를 많이 사용하여 자극적이고 화려한 맛이 특징이다.

① 중국   ② 인도
③ 태국   ④ 멕시코

07 다음 생활 문화를 가진 나라의 전통 의복은?

> - 주거 실내는 마루와 다다미로 이루어져 있다.
> - 낫토, 생선, 채소를 이용한 음식이 발달하였다.

① 판초   ② 한복
③ 기모노   ④ 치파오

08 한복의 특징으로 적절한 것만을 〈보기〉에서 모두 고른 것은?

> ┤ 보기 ├
> ㄱ. 옷의 품이 넉넉하여 좌식 생활에 적합하다.
> ㄴ. 상의와 하의가 붙어 있어 입고 벗기 편하다.
> ㄷ. 남성의 상의는 저고리이고, 하의는 바지이다.

① ㄱ   ② ㄴ
③ ㄱ, ㄷ   ④ ㄴ, ㄷ

09 한복의 기능적 특징에 대한 설명으로 옳지 <u>않은</u> 것은?

① 상황과 예의에 맞게 한복을 사용하였다.
② 품이 넉넉하여 좌식 생활에서 활동이 편안하다.
③ 짧은 저고리와 긴 치마는 키를 커 보이게 한다.
④ 상하의가 합쳐져 있고 앞을 여미는 구성으로 옷의 착용이 편리하다.

10 다음 설명과 같은 전통 의상을 사용하는 나라는?

> 아오자이는 여성의 전통 의상으로 옷옷의 옆이 길게 트여 있고 옷깃은 스탠드칼라이다.

① 일본   ② 중국
③ 베트남   ④ 멕시코

11 다음 설명과 같은 전통 의상을 사용하는 나라는?

> 사리는 바느질하지 않은 여성의 전통 의상이다. 긴 천을 허리에 둘러 어깨에 고정하며, 신분 제도에 따른 계급을 표시하기도 한다.

① 인도   ② 일본
③ 중국   ④ 베트남

12 다음 (가)에 공통으로 들어갈 한옥의 구조는?

> 한옥의 (가) 은/는 기둥 밖으로 나와 있는 지붕의 일부이다. (가) 의 경사각은 일조와 채광을 조절한다. 여름에는 차양 역할을 하여 실내를 시원하게 하고, 겨울에는 햇빛이 방 안 깊숙이 들어오게 한다.

① 온돌　　② 처마
③ 주춧돌　④ 대청마루

13 다음 설명에 해당하는 한옥의 구조는?

> • 한옥에서 바닥과 공간을 두고 나무판을 깐 큰 마루이다.
> • 앞뒤가 트여 있고 아래에 공간이 있어 바람이 잘 통한다.

① 기단　　② 대청
③ 온돌　　④ 처마

14 그림에 해당하는 한옥 구조의 기능은?

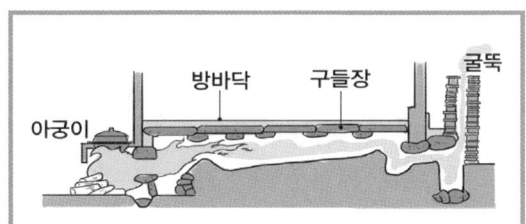

① 난방　　② 방음
③ 채광　　④ 통풍

15 기후에 따른 주생활 문화 설명으로 옳지 <u>않은</u> 것은?

① 온대 기후는 이동식 가옥인 게르가 나타난다.
② 건조 기후는 흙집이 나타나며 지붕이 평평하다.
③ 냉·한대 기후는 폐쇄적인 가옥 구조가 나타난다.
④ 열대 기후는 개방적 구조가 나타나며 지붕의 경사가 급하다.

16 우리나라 전통 의식주 생활에 대한 설명으로 옳지 <u>않은</u> 것은?

① 발효 식품이 발달하였다.
② 주식과 부식의 구분이 없었다.
③ 주거는 배산임수의 지형을 선호하였다.
④ 명주, 삼베 등 자연의 재료로 옷을 만들었다.

17 안전사고에 대한 설명으로 옳지 <u>않은</u> 것은?

① 안전사고는 누구에게나 일어날 수 있다.

② 대부분의 안전사고는 예방이 불가능하다.

③ 안전에 대한 부주의, 무관심, 불감증 등에 의해 발생한다.

④ 생애 주기별로 생활 및 신변 안전에 관한 안전 교육이 필요하다.

18 영·유아기 생활 안전사고 예방법으로 적절하지 <u>않은</u> 것은?

① 유모차에서는 안전띠를 채운다.

② 12개월 이하의 아기는 엎드려 재운다.

③ 위험한 물건은 손이 닿지 않는 곳에 둔다.

④ 화장실 바닥에 미끄럼 방지 테이프를 붙인다.

19 아동 학대가 아동에게 미치는 영향으로 옳지 <u>않은</u> 것은?

① 성인이 되면 상처는 치유된다.

② 아동 학대로 인한 정신적 피해가 크다.

③ 피해 아동의 비행 가능성이 증가한다.

④ 아동 학대가 다음 세대로 대물림될 수 있다.

20 가정 폭력을 예방하기 위한 방안으로 옳지 <u>않은</u> 것은?

① 건강한 가족 문화를 만들기 위해 노력해야 한다.

② 효과적인 대화를 위한 의사소통 방법을 배운다.

③ 열린 대화를 통해 서로를 이해하려고 노력해야 한다.

④ 원만한 가족 분위기를 위해 가족원의 요구를 무조건 맞춰야 한다.

21 성폭력의 예방 및 대처 방법에 대한 설명으로 옳지 <u>않은</u> 것은?

① 계속적인 상담 치료를 받는다.

② 거절 의사를 명확하게 표현한다.

③ 피해 사실을 숨기지 말고 부모나 주위의 도움을 받는다.

④ 즉시 옷을 갈아입고 청결하게 씻은 후, 병원 진료를 받는다.

22 다음과 같은 특징을 갖는 생애 주기로 옳은 것은?

> 사고에 대한 방어력이 낮고 체력이 떨어져 작은 사고로도 큰 피해를 입을 수 있다.

① 아동기   ② 청소년기

③ 성인기   ④ 노년기

23 다음 설명에 해당하는 것은?

> • 원래의 자리로 되돌아오는 힘을 말한다.
> • 고난과 역경을 새로운 변화의 기회로 받아들이는 반응과 태도이다.

① 결핍   ② 위기

③ 트라우마   ④ 회복 탄력성

24 가족의 회복 탄력성을 높이는 방법으로 옳지 <u>않은</u> 것은?

① 복지 서비스와 같은 사회적·경제적 지원책의 도움을 받는다.

② 친한 친구나 친지에게 가족 문제를 의논하는 것은 피해야 한다.

③ 가족이 서로 믿고 지지하며 의지할 수 있는 관계를 형성한다.

④ 어려움을 피하지 않고, 솔직한 의사소통을 통해 가족의 문제를 공유한다.

25 건강한 가족생활 문화로 적절하지 <u>않은</u> 것은?

① 능력과 상황에 따라 역할 분담을 한다.

② 가족 구성원 간 개인의 차이를 이해한다.

③ 의사소통할 때 항상 '너 전달법'을 사용한다.

④ 가족 간의 친화력을 높이기 위한 여가 활동을 함께 한다.

합격을 위한 최적의 교재!
고졸 검정고시 기술·가정

PART

03

가정 자원 관리와
생애 설계

✪ 이 단원에서는 개인과 가족의 소비가 사회 및 환경에 끼치는 영향을
설명하고, 가정생활 복지 서비스의 종류와 특징을 파악하여 가정생활
에 활용할 수 있는 방안을 제안할 수 있다. 가족생활 설계의 필요성
을 설명하고, 가족생활을 설계할 수 있다. 또한 노년기의 신체적·
인지적·정서적·사회적 특징을 알고, 건강하고 자립적인 노후 생활
을 준비할 수 있다.

01 가정 자원 관리

- 개인과 가족의 소비가 사회 및 환경에 끼치는 영향을 설명할 수 있다.
- 가정생활 복지 서비스의 종류와 특징을 파악하여 가정생활에 활용할 수 있는 방안을 제안할 수 있다.

1 가정생활 복지 정책과 서비스

1. 가정생활 복지 정책

개인과 가족이 건강하고 행복한 가정생활을 영위하고 삶의 질을 높일 수 있도록 정부가 제도화하여 시행하고 있는 모든 복지 정책을 의미한다.

2. 가정생활 복지 서비스의 의미와 필요성

(1) 의미

가정생활을 중심으로 가족 구성원의 욕구를 충족시켜 생활의 질을 향상하도록 도와주는 서비스

(2) 필요성

친족 및 이웃과의 교류 축소, 맞벌이 가정 증가로 가족 스스로의 힘으로 가정생활의 다양한 복지 요구 해결이 어려워 사회적 차원의 가정생활 복지 서비스 확대가 필요하다.

3. 생애 주기별 가정 복지 서비스의 종류와 활용

종류	복지 서비스의 주요 내용
신혼부부 지원	난임 부부 시술비, 임대 주택 및 전세 자금 대출 등 지원
산모 지원	임신·출산에 필요한 의료비, 산모·신생아 건강 관리 등 지원
영유아 지원	보육료, 아이 돌봄 서비스 등 지원
아동 및 청소년 지원	다양한 체험 활동, 고등학교 학비, 급식비, 방과 후 학교 자유 수강, 상담, 취업 및 창업 등 지원
노년기 부모 지원	고령자 정보화 교육, 가사·간병 등 노인 돌봄 서비스, 문화 프로그램, 의료비, 노인 일자리 등 지원

❯ 보육료
0~5세 영유아를 어린이집 등에 보낼 때 받는다.

4. 가족 유형별 맞춤형 복지 서비스

(1) 개인 또는 가족은 개개인의 다양한 요구를 충족하고 건강한 가족생활을 위하여 정부 또는 지역 사회 단위에서 제공하는 정책과 서비스를 적극 활용하여 현재의 가정생활을 개선하려는 노력을 기울여야 한다.

(2) 가족 유형별 복지

저소득층 가족	• 근로 기회를 제공하여 자립 지원 • 에너지 바우처 지급 • 방과 후 학교 자유 수강권 제공 • 갑작스러운 생계 곤란 시 긴급 복지 생계 지원
한 부모 가족	• 아동 양육비 지원 • 저소득 한 부모 가족의 주거 지원 • 저소득 조손 가족의 학습 도우미 및 생활 가사 도우미 등 지원 • 가족 기능 회복을 위한 상담과 교육 프로그램 제공
다문화 가족 새터민 가족	• 학교생활 적응을 위한 기초 학습 지도 등 학생 멘토링 지원 • 취업 연계 프로그램, 문화 이해 및 한국어 교육 지원 • 외국인 근로자 등에게 의료 지원

❯ 조손 가족
65세 이상인 조부모와 만 18세 이하인 손자녀로 구성된 가족

2 지속 가능한 소비 생활의 실천

1. 개인과 가족의 소비 생활

(1) 인권 문제, 자원 고갈과 같은 사회적·환경적 문제를 고려하여 나의 건강뿐만 아니라 자연환경 전체의 건강을 생각하며 소비하는 윤리적 소비를 실천해야 한다.

(2) 윤리적 소비
나의 소비가 다른 사람이나 사회 및 환경에 끼칠 영향을 고려하여 바람직한 방향으로 소비하는 행위를 말한다.

2. 지속 가능한 소비 생활의 실천

(1) 지속 가능한 소비

① 사회적·환경적인 측면을 고려하여 지속 가능한 방식으로 현재 세대와 미래 세대의 재화와 서비스에 대한 욕구를 충족시키는 것

② 환경과 사회뿐만 아니라 미래 세대의 소비까지 고려하는 행동으로 소비 생활의 전 과정에서 실천해야 하는 소비

③ 소비의 양을 줄이고 물건의 생산과 유통 과정을 고려하는 것

(2) 지속 가능한 소비 생활의 실천 방법

자원의 나눔, 매스 기빙, 공정 무역, 로컬 소비, 푸드 뱅크, 자원 절약, 공유 경제, 재사용, 재활용, 분리배출 등

❯ 매스 기빙
소비자가 물건을 사면 금액의 일부가 기부금으로 전달된다.

❯ 공정 무역
개발 도상국 생산자의 경제적 자립과 지속 가능한 발전을 위해 생산자에게 보다 유리한 무역조건을 제공하는 무역 형태이다.

❯ 로컬 소비
지역에서 생산된 제품과 서비스를 이용하는 것이다.

❯ 푸드 뱅크
기부 식품 및 생활용품을 결식 위기에 놓인 이용자 또는 시설·단체에 직접 전달하는 곳이다.

02 생애 설계

- 가족생활 설계의 필요성을 설명하고, 가족생활을 설계할 수 있다.
- 노년기의 신체적·인지적·정서적·사회적 특징을 알고, 건강하고 자립적인 노후 생활을 준비할 수 있다.

1 경제적 자립의 준비

1. 경제적 자립의 중요성

(1) 경제적 자립의 의미

경제생활을 남에게 의지하지 않고 스스로 꾸려 나갈 수 있는 것을 의미한다.

(2) 경제적 자립의 중요성

① 다른 사람에게 의존하지 않고 스스로 문제를 해결함으로써 미래의 삶을 더 잘 살아갈 수 있도록 도와준다.

② 평균 수명의 연장으로 길어진 인생에서 주체적으로 살아가기 위해서 필요하다.

2. 가정 경제의 관리 방안

(1) 가계 재무 설계

소득의 범위를 고려하여 저축과 소비를 합리적으로 설계하고, 은퇴 후의 노후 생활까지 고려하여 전반적인 인생의 재무 관리 계획을 세우는 것을 말한다.

(2) 가계 재무 설계 과정

가계 재무 상태의 평가	가계의 수입, 지출, 자산, 부채, 가입한 금융 상품의 정보로 재무 상태를 평가함.
가계 재무 목표의 설정	개인과 가족의 생애 주기에 맞추어 재무 목표의 우선순위와 기간별 재무 목표를 설정함.
계획의 수립과 실행	목표 금액에 달성하는 방법과 금융 상품의 종류 등을 구체적으로 계획하고 실행함.
검토와 수정	재무 목표 달성 정도를 점검하고 문제점을 파악한 후 재무 목표와 실행 계획을 수정함.

(3) 금융 상품의 종류와 특징
① 예금 : 일정 금액을 계약 기간 동안 맡겨 두고 이자를 받는다.
② 적금 : 계약 금액을 일정 기간 동안 매달 납입하여 이자를 받는다.
③ 주식 : 주식회사의 자본을 구성하는 단위로, 주식의 거래를 통해 수익이나 손실을 얻을 수 있다.
④ 채권 : 국가, 지방 자치 단체, 은행, 회사 등이 사업에 필요한 자금을 차입하기 위하여 발행하는 유가 증권이다.
⑤ 펀드 : 투자 전문 기관이 일반인들로부터 돈을 모아 증권 투자를 하고 여기서 올린 수익을 다시 투자자에게 나눠 주는 상품이다.
⑥ 연금 : 노후를 대비하여 저축하는 금융 상품으로, 노후에 장기간에 걸쳐 지속적으로 일정한 금액을 받을 수 있다.

(4) 자산 관리 시 고려해야 할 요소

안전성	투자한 원금을 손해 없이 보장받을 수 있는 정도
수익성	투자한 금액에 비해 이익이 날 수 있는 크기의 정도
유동성 (환금성)	필요할 때 쉽게 현금으로 바꿀 수 있는 정도

(5) 생활 영역별 가족생활 설계

	가족 관계	배우자 및 새롭게 형성된 가족 관계에 적응하는 방법 찾기
가정 형성기	자녀 교육	책임 있는 부모가 되기 위한 부모 교육 받기
	경제생활	가계 재무 설계, 출산 및 육아 비용 준비, 주택 마련을 위한 계획
	건강	계획적인 임신과 건강한 출산을 위한 건강 관리
	가족 관계	바람직한 양육 태도 갖기, 부모로서의 역할과 책임 다하기
자녀 출산 및 양육기	자녀 교육	자녀의 건강한 성장·발달을 위한 가정 환경 조성, 자녀의 기본 생활 습관 지도
	경제생활	주택 마련, 자녀 성장에 따른 재무 설계, 노후 생활 자금 마련
	건강	육아 및 가사 노동, 직업 생활에서 오는 스트레스 관리

자녀 교육기	가족 관계	직업적 성취를 위한 부부간 배려, 노부모 부양 계획
	자녀 교육	자녀의 발달 특징에 따른 교육 방법 찾기
	경제생활	자녀 교육비·노후 생활 자금 마련, 가계 지출 증가 대비
	건강	가족 건강 관리 방법 찾기
자녀 독립기	가족 관계	자녀의 결혼으로 형성된 새로운 가족 관계 적응
	자녀 교육	성인 자녀의 정서적·경제적 독립을 위한 지원 방법 찾기
	경제생활	자녀 독립을 위한 경제적 지원, 은퇴 후 생활 자금 준비
	건강	은퇴 후 취미 생활 준비
노후기	가족 관계	손자녀와 좋은 관계 유지, 자신의 죽음과 배우자의 죽음 대비
	경제생활	은퇴 후 수입 감소 적응, 의료비 지출 증가 대비, 안정적 자산 유지·관리, 상속 계획 및 유산 정리
	건강	신체적 노화에 적응

Click **가족생활 주기에 따른 소득과 지출 변화**

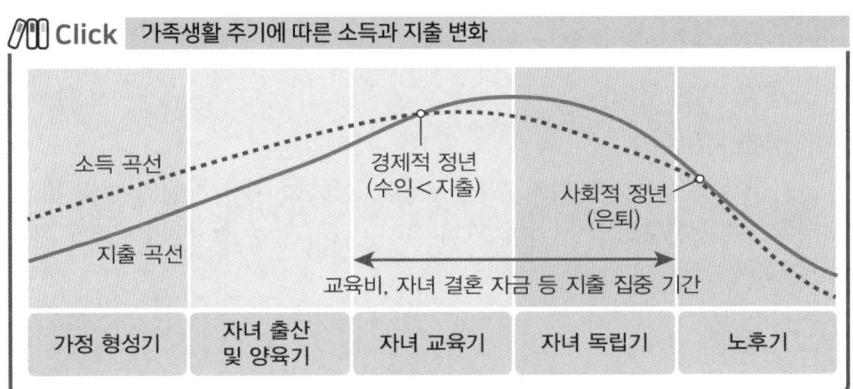

2 자립적인 노후 생활

1. 노년기의 이해

(1) 노년기 특징

① 평균 수명의 연장으로 노년기가 점점 길어지고 있다.

② 노년기에 대한 이해 부족으로 자립적인 노후 생활을 위한 준비를 부족하게 만든다.

❯ 노년기
만 65세 이후

(2) 노년기 발달 특징
　① 신체적 발달 : 흰머리와 주름살 등 신체적·생리적 노화 현상, 반응 속도·정교성·균형 감각 등의 약화, 시력 감소, 근육 탄력성 저하, 골밀도 저하 등이 두드러짐. 노화를 늦추기 위한 적당한 운동 필요
　② 인지 발달 : 지능, 기억, 언어, 문제 해결 영역에서 인지 능력이 감퇴함. 유전 요인에 의한 유동 지능과 후천적 습득에 의한 실용 지능을 활용한 통합적 사고 필요
　③ 정서 발달 : 자기 유지 기능과 사회 역할 기능이 약화되어 두려움이나 무가치함, 소외감, 외로움을 느끼기 쉬움. 자아 통합감을 형성하여 삶의 여유를 가지면서 생을 의미 있게 마무리할 준비 필요
　④ 사회 발달 : 과거 회상, 친숙한 사람과 사물에 대한 애착, 직업으로부터의 은퇴, 배우자나 친구의 사망으로 사회관계가 축소됨. 자녀와 친밀감을 통해 긴장을 해소하고 자아 정체감과 자존감 유지 필요

2. 노후를 위한 준비
(1) 개인적 준비
　신체 건강을 유지하기 위해 식사와 운동 등 예방 차원의 관리 필요, 가족·친구와의 친밀한 관계 유지, 취미와 종교 등 지속적인 여가 활동

(2) 경제적 준비
　저축, 자녀의 생활비 지원, 생산 활동 참여, 퇴직 연금, 주택 연금, 농지 연금 등의 개인적인 방법과 연금 제도, 국민연금, 기초 연금, 건강 보험, 소득 보장 서비스 등의 사회 제도를 활용한 방법

(3) 사회적 준비
　노인 스스로 취미와 여가 활동, 봉사 활동 등을 통해 개인적 만족감을 찾고 국가와 지역 사회는 노인 관련 돌봄 서비스 제공

PART 03 기출 및 적중예상문제

정답 및 해설 p. 8

01 가정 자원 관리

01 다음 설명에 해당하는 것은?

> 가정생활을 중심으로 가족 구성원의 욕구를 충족시켜 생활의 질을 향상하도록 도와주는 서비스를 의미한다.

① 사회 보험
② 건강 보험 제도
③ 지속 가능한 소비 생활
④ 가정생활 복지 서비스

02 가정생활 복지 서비스에 대한 설명으로 옳지 않은 것은?

① 다양한 형태의 지원 활동이다.
② 가족 문제를 예방하고 해결한다.
③ 가정생활의 질적 향상을 가능하게 한다.
④ 현대 사회의 가족 문제는 개인의 힘만으로 해결이 가능하다.

03 다음 (가)에 해당하는 가정생활 복지 서비스로 가장 적절한 것은?

> 어린이집을 이용하는 만 0~5세 자녀의 [(가)] 을/를 지원하여 양육의 부담을 덜어 주는 복지 서비스이다.

① 보육료
② 실손 보험
③ 주거 급여
④ 가정 양육 수당

04 다음과 같은 복지 서비스가 필요한 시기로 옳은 것은?

> • 영구 임대 주택 공급
> • 고용복지플러스센터 운영
> • 생애 전환기 건강 검진 지원

① 노년기
② 청소년기
③ 중 · 장년기
④ 아동 · 청소년기

05 다문화 가정의 어려움을 해결하기 위한 복지 서비스로 적절하지 않은 것은?

① 한국어 교육 지원
② 외국인 근로자 의료 지원
③ 문화 이해 교육 지원
④ 생활 가사 도우미 지원

환경과 사회뿐만 아니라 미래 세대의 소비까지 고려하는 행동으로 소비 생활의 전 과정에서 실천해야 하는 소비를 말한다.

06 위에서 설명하는 개념은 무엇인가?

① 로컬 소비

② 합리적 소비

③ 윤리적 소비

④ 지속 가능한 소비

07 위와 같은 생활의 장점으로 옳은 것은?

① 다양한 환경 문제를 초래한다.

② 불필요한 자원 낭비가 발생한다.

③ 자연 생태계의 파괴를 줄일 수 있다.

④ 여러 장치를 이용하여 편리한 삶을 누릴 수 있다.

08 다음 ㉠과 ㉡에 해당하는 것은?

㉠ 소비자가 물건을 사면 금액의 일부가 기부금으로 전달된다.

㉡ 먹을거리들을 제공받아 그것을 필요로 하는 복지 시설이나 사람들에게 나누어 수는 사업을 말한다.

	㉠	㉡
①	가공식품	로컬 푸드
②	매스 기빙	푸드 뱅크
③	로컬 푸드	가공식품
④	푸드 뱅크	유기 농산물

09 다음 설명에 해당하는 지속 가능한 소비 형태는?

• 지역에서 생산된 제품과 서비스를 이용하는 것을 말한다.

• 지역 경제 활성화를 돕고 온실가스 배출을 줄일 수 있다.

① 공정 무역　　② 과시 소비

③ 로컬 소비　　④ 충동 소비

02 생애 설계

10 다음 설명에 해당하는 말로 옳은 것은?

개인과 가족의 경제적인 목표를 달성하기 위하여 경제적 자원의 사용을 계획하고 이를 수행하는 것

① 생애 목표 설립

② 가계 재무 설계

③ 생활적 자립 관리

④ 경제적 자립 관리

11 다음에서 설명하는 금융 상품은 무엇인가?

국가, 지방 자치 단체, 은행, 회사 등이 사업에 필요한 자금을 차입하기 위하여 발행하는 유가 증권

① 채권　　② 주식

③ 펀드　　④ 연금

12 다음 ㉠, ㉡에 해당하는 자산 관리 요소는?

> ㉠ 원금과 이자가 보전된다.
> ㉡ 돈이 필요할 때 손해 없이 현금화할 수 있다.

	㉠	㉡
①	수익성	안전성
②	수익성	환금성
③	안전성	수익성
④	안전성	환금성

13 가계 재무 설계에 대한 설명으로 옳지 않은 것은?

① 가족의 건강과 경제적 안정을 목표로 한다.
② 현재 생활의 문제를 점검하여 실현 가능한 목표를 세운다.
③ 안정적인 미래 생활을 준비하는 능동적이고 적극적 방법이다.
④ 미래 생활은 정확하게 예측 가능하므로 발생 소득과 지출을 계획한다.

14 〈보기〉의 가계 재무 설계 과정을 순서대로 바르게 배열한 것은?

> ┤ 보기 ├
> ㄱ. 가계 재무 목표의 설정
> ㄴ. 가계 재무 상태의 평가
> ㄷ. 계획의 수립과 실행
> ㄹ. 검토와 수정

① ㄱ → ㄴ → ㄷ → ㄹ
② ㄱ → ㄷ → ㄹ → ㄴ
③ ㄴ → ㄱ → ㄷ → ㄹ
④ ㄴ → ㄱ → ㄹ → ㄷ

15 다음 설명에 해당하는 가계 재무 설계 단계는?

> 목표 금액에 달성하는 방법과 금융 상품의 종류 등을 구체적으로 계획하고 실행한다.

① 검토와 수정
② 계획의 수립과 실행
③ 가계 재무 목표의 설정
④ 가계 재무 상태의 평가

16 다음 설명에 해당하는 가계 재무 설계 단계는?

> • 수입, 지출, 투자, 보험 등을 확인한다.
> • 수입과 지출은 정기적인 것과 일시적인 것으로 나누어 파악한다.

① 계획의 수립
② 계획의 실행
③ 가계 재무의 목표 설정
④ 가계 재무의 상태 평가

17 다음과 같은 특징은 가족생활 설계 과정 중 어떠한 시기에 해당하는가?

> • 은퇴 후 수입 감소
> • 의료비 지출 증가 대비
> • 안정적 자산 유지·관리

① 가정 형성기
② 자녀 독립기
③ 자녀 교육기
④ 노후기

18 노후기의 생활 영역별 가족생활 설계로 적절하지 <u>않은</u> 것은?

① 가계 지출 증가에 대비하기
② 의료비 지출 증가에 대비하기
③ 은퇴 후 수입 감소에 적응하기
④ 자산을 안정적으로 유지·관리하기

19 노년기의 신체적 특징에 대한 설명으로 옳지 <u>않은</u> 것은?

① 반응 속도, 정교성, 균형 감각 등의 약화가 나타난다.
② 흰머리와 주름살 등 신체적·생리적 노화가 나타난다.
③ 체수분 감소와 골밀도 향상, 노화 현상으로 체중이 감소한다.
④ 특정 소리를 잘 구분하지 못하여 목소리를 구별하기 힘들어진다.

20 다음 설명에 해당하는 것은?

> 만 65세 이상의 노인 중 가구의 소득 인정액이 지급 대상 선정 기준 이하인 노인에게 매월 일정액을 지급하는 제도이다.

① 국민연금 제도
② 기초 연금 제도
③ 주택 연금 제도
④ 퇴직 연금 제도

21 다음 설명에 해당하는 것은?

> 국민의 생활 안정을 위한 것으로 소득이 있을 때 보험료를 납부하고 나이가 들었을 때 국가로부터 연금을 지급받는 제도

① 국민연금 제도
② 건강 보험 제도
③ 경로 우대 제도
④ 평생 학습 지원 제도

22 다음 A, B에 해당하는 노후 생활 자금 마련 방법을 옳게 짝지은 것은?

> A : 직장 다니면서 금융 기관에 매년 퇴직금에 해당하는 금액을 적립하여 퇴직 후부터 매월 돈을 받고 있어요.
> B : 내가 소유하고 있는 주택을 담보로 맡기고 평생 동안 매월 연금 방식으로 지급받고 있어요.

	A	B
①	농지 연금	퇴직 연금
②	주택 연금	국민연금
③	퇴직 연금	주택 연금
④	국민연금	농지 연금

04

기술 혁신과
발명·표준

01 기술 혁신과 창의 공학 설계

02 발명과 표준

✪ 이 단원은 기술 혁신을 위한 창의 공학 설계, 발명을 통한 기술적
문제 해결 방법과 지식 재산권을 이해하고, 기술 연구 개발 과정에
서의 표준을 이해하여 표준 특허의 필요성과 중요성을 인식한다.
구상도와 투상도 등을 활용하여 창의적인 아이디어를 표현하고,
발명과 표준에 관련된 체험 활동을 통해 기술적 문제를 창의적으로
해결할 수 있는 기술적 문제 해결 능력과 기술 활용 능력을 기른다.

01 기술 혁신과 창의 공학 설계

- 기술 혁신을 위한 창의 공학 설계를 이해할 수 있다.
- 창의 공학 설계를 통해 제품을 구상하고 설계할 수 있다.

1 기술 혁신을 위한 창의 공학

1. 기술과 기술 혁신

(1) 기술

과학 이론을 실제로 적용하여 자연의 사물을 인간 생활에 유용하도록 가공하는 수단 또는 사물을 잘 다룰 수 있는 방법이나 능력

(2) 기술 혁신

기존 기술이나 물건의 성능을 효율적으로 개선하여 새로운 제품, 시스템, 서비스 등을 생산하기 위해 연구·개발하는 활동

2. 기술 혁신을 위한 공학 설계

기존에 존재하지 않거나 기존보다 향상된 제품을 만들기 위해 다양한 문제를 해결할 수 있는 아이디어를 구현함으로써 시스템이나 절차를 고안하는 활동

2 창의 공학 설계

1. 의미

창의적 아이디어를 활용하여 문제에 대한 최적의 해결책을 찾아 구현하는 것

2. 창의적 공학 설계 과정

(1) 문제 인식

주어진 문제의 핵심을 파악하고 진짜 문제가 무엇인지를 분석하여 구체화하고 명료화하는 단계

(2) 아이디어 창출

확산적 사고 기법을 사용하여 가능한 많은 아이디어를 찾는 단계

(3) 아이디어 선정

수렴적 사고 기법을 사용하여 아이디어를 다듬고 평가하는 단계

(4) 아이디어 구체화

선정한 아이디어로 제품을 제작할 수 있도록 도면을 그리고 시제품 제작, 평가 등의 과정을 거쳐 아이디어를 구체화하는 단계

(5) 실행하기

제작 계획을 세우고 도면에 따라 제품을 제작하는 단계

(6) 평가하기

완성품이 문제점을 잘 해결했는지 평가하고 개선할 점이 있는지 찾는 단계

Click 확산적 사고 기법과 수렴적 사고 기법

■ 확산적 사고 기법

브레인스토밍	어떤 구체적인 문제에 대해 해결 방안을 생각할 때, 서로 비판하지 않고 머릿속에 떠오르는 대로 아이디어를 내게 하는 방법
마인드맵	생각 지도라고도 하며, 중심 주제로부터 가지에 가지를 계속 붙여 나가면서 생각이나 아이디어를 확장시켜 이미지와 단어를 이용해 시각화하는 방법
스캠퍼 (SCAMPER)	기존의 아이디어를 다른 것으로 대체하거나 결합, 응용, 변형 등을 하여 새로운 아이디어를 만들어 내는 기법 • Substitute : 대치하기 • Combine : 다른 것을 결합하거나 혼합하기 • Adapt : 다른 상황이나 분야에 적용하기 • Modify : 수정하기 • Put to other use : 다른 용도로 사용하기 • Eliminate : 제거하기 • Rearrange : 재배열하기

❯ 확산적 사고 기법
문제를 확인하고 이를 해결하기 위한 다양한 아이디어를 내는 발상 기법이다.

❷ 수렴적 사고 기법
여러 가지 가능한 아이디어 중에서 마지막으로 가장 알맞은 해결책이나 답을 찾아 가는 사고 기법이다.

■ 수렴적 사고 기법

역 브레인스토밍	구상한 아이디어를 실제로 제작하거나 적용했을 때에 발생하는 문제점이나 단점을 미리 생각해 보는 방법
평가 행렬법	아이디어를 창의성, 실용성, 경제성, 제작 가능성 등 미리 정해 놓은 기준에 따라 체계적으로 평가하는 방법
PMI	제안된 아이디어의 장점(Plus), 단점(Minus), 흥미로운 점(Interesting)을 따져 본 후 그 아이디어를 평가하는 기법
하이라이팅	여러 가지 대안들을 기본적인 몇 개의 범주로 압축하여 분류하는 기법

❷ 제작도 그리는 방법 순서
용지의 크기 및 척도 결정하기 → 윤곽선, 표제란, 중심 마크 그리기 → 선의 종류를 구분하여 도면에 그리기 → 도면에 치수 기입하기

3. 창의 공학 설계의 기초

(1) 도면

물체의 크기와 모양 및 구조 등을 선, 문자, 기호를 사용하여 정해진 규칙에 따라 제도 용지에 나타낸 것이며, 이러한 방법으로 도면을 작성하는 일을 제도라 한다.

(2) 물체의 투상법

① **투상법** : 물체의 형태를 일정한 규칙에 따라 평면에 그리는 것

② **투상도** : 투상법으로 그린 도면을 물체를 보는 눈의 위치와 물체를 놓는 방법에 따라 정투상법, 사투상법, 등각 투상법 등으로 나눈다.

③ **선과 기호** : 도면에 물체를 나타낼 때에는 물체의 모양을 선으로 그리고, 크기와 가공 방법 등을 문자와 기호로 표시한다. 길이를 나타내는 치수의 단위는 밀리미터(mm)를 사용하며, 숫자만 기입하고 단위는 기입하지 않는다.

🔊Click 정투상법 · 사투상법 · 등각 투상법

▪정투상법

물체의 각 면을 투상면에 나란히 놓고 투상하는 방법이다. 한국 산업 표준에는 제3각법으로 그리는 것을 원칙으로 하고 있다.

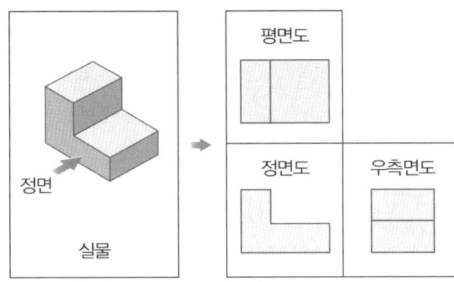

- **평면도** : 물체의 정면을 기준으로 위에서 본 모양을 나타낸 그림이다.
- **정면도** : 물체를 정면에서 본 모양을 나타낸 그림으로, 물체의 특징을 가장 잘 나타낼 수 있는 방향을 정면으로 선정한다.
- **우측면도** : 물체의 정면을 기준으로 우측에서 본 모양을 나타낸 그림이다.

▪사투상법

물체의 정면을 실제 모양으로 그린 다음, 각 꼭짓점에서 45°를 이루는 빗금을 긋고, 물체의 안쪽 길이를 실제 길이의 1/2 비율로 그려서 물체를 나타내는 방법이다.

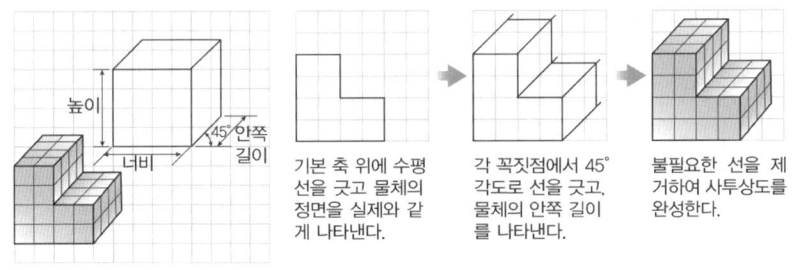

| 기본 축 위에 수평선을 긋고 물체의 정면을 실제와 같게 나타낸다. | 각 꼭짓점에서 45° 각도로 선을 긋고, 물체의 안쪽 길이를 나타낸다. | 불필요한 선을 제거하여 사투상도를 완성한다. |

▪등각 투상법

세 개의 축을 120° 간격으로 설정하고, 이 축에 물체의 높이, 너비, 안쪽 길이를 옮겨서 물체를 나타내는 방법이다.

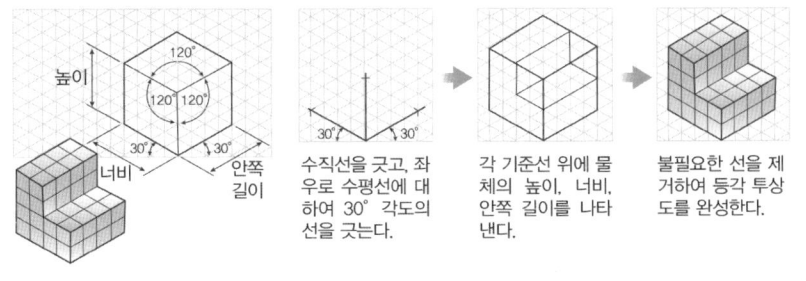

| 수직선을 긋고, 좌우로 수평선에 대하여 30° 각도의 선을 긋는다. | 각 기준선 위에 물체의 높이, 너비, 안쪽 길이를 나타낸다. | 불필요한 선을 제거하여 등각 투상도를 완성한다. |

❹ **제3각법**
물체를 제3면각에 놓고 본 모습을 그리는 정투상법

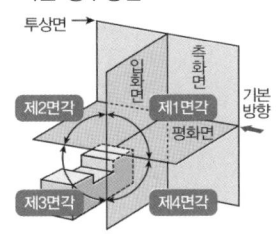

❹ **한국 산업 표준(KS)**
우리나라 산업 전 분야에 걸쳐 제품 및 시험, 제작 방법 등을 규정하는 국가 표준으로 「산업표준화법」에 의거 산업 표준 심의회의 심의를 거쳐 국가기술 표준원장이 확정하는 국가 표준

선의 종류		모양	용도에 따른 이름	선의 용도
실선	굵은 실선	——	외형선	물체의 보이는 부분을 나타내는 선
	가는 실선	——	치수선	치수를 기입할 때 쓰이며, 끝에 화살표를 붙인 선
			치수 보조선	치수선을 긋기 위해 외형선을 연장한 선
			지시선	각도, 참조, 기호 등을 나타내기 위한 선
		/////////	해칭선	물체의 단면을 나타내는 선
		〜〜〜	파단선	물체의 일부를 잘라 낸 경계를 나타내는 선
파선	굵은 파선	-------	숨은선	물체의 보이지 않는 부분을 나타내는 선
	가는 파선	-------		
1점 쇄선		---·---·---	중심선	물체 및 도형의 중심을 나타내는 선
2점 쇄선		---··---··	가상선	부품의 동작 상태나 가상의 물체를 나타내는 선

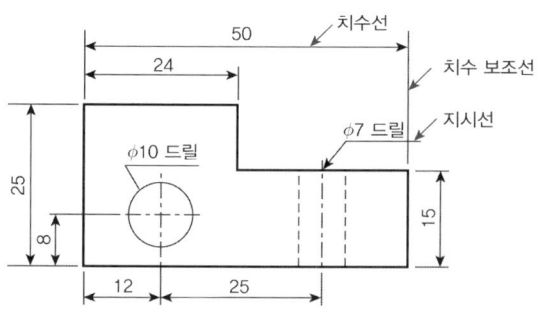

치수 보조 기호
• φ : 지름
• □ : 정사각형의 변
• R : 반지름
• t : 판의 두께
• C : 45° 모따기

02 발명과 표준

- 발명을 통한 기술적 문제 해결 방법 및 지식 재산의 권리와 보호를 설명할 수 있다.
- 발명에서 창업까지의 과정을 설명할 수 있다.

1 발명과 창업

1. 발명

(1) 발명
이전에 없던 새로운 물건을 만들어 내거나 방법을 고안하는 것으로 기술적 문제 해결 과정을 거친다.

(2) 발명을 통한 기술적 문제 해결 방법
① 발명한 제품이나 방법, 서비스, 시스템 등을 설계, 창출, 개선하기 위해 도구, 재료 및 공정을 이용하여 문제를 분석하고 해결하는 과정
② 과정 : 문제 확인 → 계획 → 실행 → 평가

(3) 지식 재산권
① **지식 재산** : 인간의 지적 활동을 통하여 산출된 창작물의 모든 재산
② **지식 재산권** : 인간의 창작물을 보호하기 위하여 부여하는 권리로, 산업 재산권, 저작권, 신지식 재산권으로 구분한다.
　㉠ 산업 재산권 : 산업과 관련된 지적 활동에 관한 권리

종류	특징	존속 기간
특허권	새로운 것을 발명한 것에 대해 핵심 기술을 보장하는 권리 예 카메라 모듈, 스마트폰 디스플레이 등	출원일로부터 20년
실용신안권	기존 제품의 편리성을 높인 발명에 주어지는 권리 예 기능성 젓가락, 스마트폰 거치대 등	출원일로부터 10년
디자인권	물품의 형상, 모양, 색채에 대한 권리 예 스마트폰 형태, 애플리케이션의 아이콘 모양 등	출원일로부터 20년

	다른 상품과 구분할 수 있게 해 주는 상품의 기호, 문자, 도형 ⓐ 스마트폰의 모델명, 지방 자치 단체 브랜드 등	설정 등록일로부터 10년 (갱신 가능)
상표권		

ⓛ 저작권 : 학문과 예술 분야에서 인간의 사상이나 감정을 독창적으로 표현한 창작물에 대해 저작자가 가지는 권리

종류	특징	존속 기간
저작 인격권	저작물에 대해 저작자가 인격적으로 갖는 권리 ⓐ 공표권, 성명 표시권	
저작 재산권	저작물을 통해 얻을 수 있는 경제적 이익을 보호하는 권리 ⓐ 공연권, 전시권	저작자 사망 후 70년
저작 인접권	저작물의 창작자는 아니지만 저작물을 전달하는 자에게 부여되는 권리 ⓐ 가수, 음반제작자	

ⓒ 신지식 재산권 : 과학 기술의 발달로 새롭게 등장한 지적 창작물을 보호하는 권리로, 사회가 고도화될수록 새로운 기술이 늘어나고 있어 중요도가 높아지고 있음.

종류	특징	존속 기간
첨단 산업 재산권	반도체 설계, 생명 공학 기술 등 첨단 기술을 보호하는 권리	
산업 저작권	컴퓨터 프로그램, 소프트웨어 등 산업상 저작권의 성격을 가진 권리	성격에 따라 보호 기간이 다름.
정보 재산권	데이터베이스, 영업비밀, 뉴미디어 등 정보집합물을 보호하는 권리	

2. 창업

(1) 창업

사업 아이디어를 가지고 기업을 설립하는 것

(2) 창업 아이디어

발명품, 새롭게 고안한 방법이나 서비스, 컴퓨터 소프트웨어 또는 스마트폰 애플리케이션 등

(3) 창업의 성공 요소

① **전문성** : 전문 지식과 기술 및 사업에서 발휘되는 능력

② **수행 능력** : 전문성을 토대로 사업을 구성하고 기획하며 실행하는 능력

③ **기업가 정신** : 기술 혁신과 가치 창출의 핵심으로 미래를 예측하는 통찰력과 새로운 것에 도전하는 혁신 정신

2 기술 개발과 표준

1. 표준과 표준화

(1) 표준

편리하고 안전하게 생활하기 위해 제품, 기술, 방법 등을 만들어 낸 약속과 규칙

(2) 표준화

표준을 정하고 생활에서 활용하는 것

⑩ 복사 용지 크기, 볼트와 너트의 크기, 신호등의 신호 체계 등

2. 기술 연구 개발과 표준

(1) 기술 연구 개발

기술과 관련하여 새로운 지식과 원리를 탐색하고, 구상한 아이디어를 적용하여 제품으로 실용화하는 활동

(2) 기술 연구 개발 과정에서의 표준화 목적

품질 안정성의 향상, 비용 절감, 업무 능률 향상과 통일화, 정보 전달의 명확화, 기술 축적과 향상, 건강 유지 및 생명 보호

(3) 기술 연구 개발 과정

소비자 요구 분석 ➜ 아이디어 구상 및 설계 ➜ 시제품 제작 ➜ 시험 및 평가 ➜ 생산 설계 ➜ 제품 생산

3. 표준 특허

(1) 의미

국제 표준화 기구(ISO)에서 정한 표준 규격에 따라 제품을 기술적으로 구현하는 과정에서 반드시 필요한 특허를 말한다.

(2) 표준 특허의 필요성

① 상호 호환성 : 기종 간의 정보 교환과 처리가 가능하다.

② 비용 절감 : 제조업체는 대량 생산을 통해 대규모 경제를 실현하고, 개발 비용을 절감할 수 있다.

③ 무역 활성화 : 세계 무역 기구의 협정에 따라 국가 간 무역을 할 때 국제 표준을 따른다.

(3) 표준 특허의 중요성

표준 특허에 따른 로열티를 받음으로써 지속적인 수익을 창출할 수 있다.

> ◆ 로열티
> 다른 사람의 특허권, 상표권 등의 소유권이나 저작권 따위를 사용하고 지불하는 값

PART 04 기출 및 적중예상문제

정답 및 해설 p. 10

01 기술 혁신과 창의 공학 설계

01 다음에서 설명하는 창의 공학 설계 과정은 무엇인가?

> 주어진 문제의 핵심을 파악하고 진짜 문제가 무엇인지를 분석하여 구체화하고 명료화하는 단계이다.

① 문제 인식
② 아이디어 창출
③ 아이디어 평가
④ 아이디어 구체화

02 창의 공학 설계 과정을 바르게 나열한 것은?

① 아이디어 창출 → 아이디어 선정 → 아이디어 평가
② 아이디어 창출 → 아이디어 평가 → 아이디어 선정
③ 아이디어 평가 → 아이디어 선정 → 아이디어 창출
④ 아이디어 선정 → 아이디어 평가 → 아이디어 창출

03 다음에서 설명하는 사고 기법은 무엇인가?

> 어떤 구체적인 문제에 대해 해결 방안을 생각할 때, 서로 비판하지 않고 머릿속에 떠오르는 대로 아이디어를 내게 하는 방법이다.

① 스캠퍼
② 마인드맵
③ 평가 행렬법
④ 브레인스토밍

04 다음 설명에 해당하는 사고 기법은?

> 대체, 결합, 적용, 수정, 용도 변경, 제거, 재배치의 7가지 유형에 따라 문제에 맞는 질문을 하고, 답을 구하면서 문제 해결 아이디어를 창출한다.

① ALU
② PMI
③ 스캠퍼
④ 브레인스토밍

05 다음 사례에 적용된 가장 적절한 발명 사고 기법은?

> • 거꾸로 접는 우산
> • 지우개 달린 연필
> • 무선 마우스, 무선 키보드

① ALU
② SCAMPER
③ 평가 행렬법
④ 역 브레인스토밍

06 다음과 같은 투상법은 무엇인가?

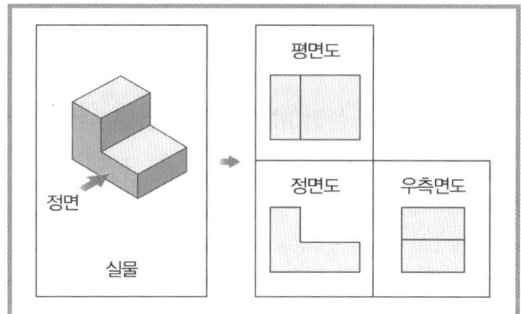

① 사투상법   ② 전개도법

③ 정투상법   ④ 등각 투상법

08 그림의 물체를 제3각법으로 나타낼 때 우측면도는?

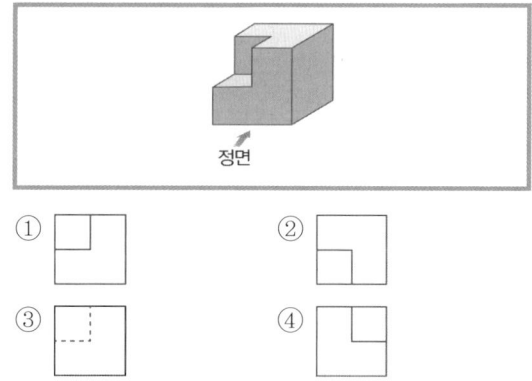

①   ②

③   ④

09 물체의 평면도를 바르게 표현한 것은?

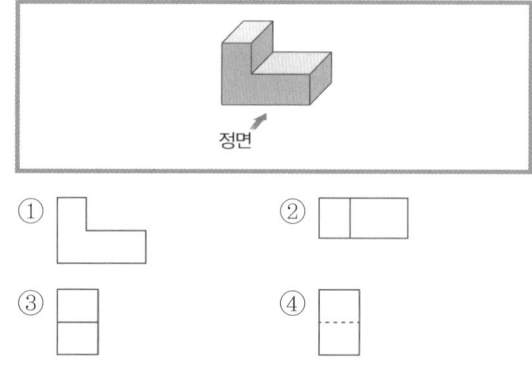

①   ②

③   ④

07 다음 중 제3각법의 투상도 배치로 적절한 것은?

①	좌측면도	
	평면도	우측면도

②	배면도	
	좌측면도	우측면도

③	평면도	
	정면도	우측면도

④	정면도	
	배면도	평면도

10 다음 설명에 해당하는 투상법은 무엇인가?

> 세 개의 축을 120° 간격으로 설정하고, 이 축에 물체의 높이, 너비, 안쪽 길이를 옮겨서 물체를 나타내는 방법이다.

① 정투상법
② 사투상법
③ 투시 투상법
④ 등각 투상법

11 다음 설명의 (가)와 (나)에 적절한 것은?

> 제도 통칙(KS A 0005)에서 도면의 치수 보조 기호 ϕ는 (가) 을 의미한다. 판의 두께를 나타낼 때는 (나) 을/를 사용한다.

	(가)	(나)
①	지름	t
②	지름	R
③	반지름	t
④	반지름	R

12 다음 설명에 해당하는 치수 보조 기호는?

> 도면에서 한 변의 길이가 15mm인 정사각형의 변을 표현할 때 사용하는 기호이다.

① R   ② □
③ t   ④ ϕ

13 (가)와 (나)선의 명칭을 바르게 짝지은 것은?

	(가)	(나)
①	치수선	해칭선
②	중심선	지시선
③	파단선	숨은선
④	가상선	외형선

14 제도의 치수에 대한 설명으로 옳은 것을 〈보기〉에서 고른 것은?

> ┤ 보기 ├
> ㄱ. 숫자와 단위 모두 기입한다.
> ㄴ. 길이의 단위는 밀리미터(mm)이다.
> ㄷ. 파단선과 지시선은 실선을 사용한다.
> ㄹ. 치수선과 치수 보조선은 굵은 파선을 사용한다.

① ㄱ, ㄴ   ② ㄱ, ㄹ
③ ㄴ, ㄷ   ④ ㄷ, ㄹ

15 인간의 지적 활동을 통해 산출된 창작물의 모든 재산을 무엇이라 하는가?

① 특허권　　　　② 상표권
③ 지식 재산　　　④ 저작 인격권

16 다음 기사와 관련된 지식 재산권은?

> ○○ 신문
>
> **반복되는 표절 논란, 창작자의 권리 보호해야**
>
> 국내 음악계가 끊임없는 표절 시비로 소란스럽다. 창작자가 의혹이 제기된 원곡과의 유사성을 인정하고 합의에 이르는 경우도 있지만, 창작물에 대한 권리를 주장하여 소송이 진행되기도 한다.

① 상표권　　　　② 저작권
③ 디자인권　　　④ 실용신안권

17 산업 재산권이 <u>아닌</u> 것은?

① 상표권　　　　② 저작권
③ 특허권　　　　④ 디자인권

18 실용신안권에 대한 설명으로 옳은 것을 〈보기〉에서 고른 것은?

┤ 보기 ├
ㄱ. 출원일로부터 10년간 권리가 보호된다.
ㄴ. 제품 모델명, 제조사의 마크 등이 이에 해당한다.
ㄷ. 제품의 모양, 색채, 형상 등에 주어지는 권리이다.
ㄹ. 이미 발명한 것을 개선하여 더욱 편리하게 한 발명에 주어지는 권리이다.

① ㄱ, ㄷ　　　　② ㄱ, ㄹ
③ ㄴ, ㄷ　　　　④ ㄴ, ㄹ

19 다음 설명에 해당하는 지식 재산권은?

> • 인간의 사상이나 감정을 독창적으로 표현한 창작물에 부여하는 독점적인 권리이다.
> • 문학, 예술적 창작물 등에 대한 권리를 보호한다.

① 상표권　　　　② 저작권
③ 특허권　　　　④ 실용신안권

20 다음 설명에 공통으로 해당하는 것은?

> • 물품의 형상, 모양, 색채 등에서 심미감을 느낄 수 있는 창작 작품에 부여한다.
> • 가전제품의 디자인, 음료수 캔의 모양 등에 해당하는 산업 재산권이다.

① 저작권　　　　② 디자인권
③ 정보 재산권　　④ 소프트웨어권

21 다음 (가)와 (나)를 합한 것은?

> • 특허권의 권리 유지 기간은 출원일로부터
>   [(가)]이다.
> • 실용신안권의 권리 유지 기간은 출원일로
>   부터 [(나)]이다.

① 30년   ② 40년
③ 50년   ④ 60년

22 다음 기술 연구 개발 과정의 (가), (나), (다)에 해당하는 것은?

> 소비자 요구 분석 → 아이디어 구상 및 설계
> → (가) → 시험 및 평가 → (나) → (다)

	(가)	(나)	(다)
①	생산 설계	제품 생산	시제품 제작
②	제품 생산	생산 설계	시제품 제작
③	제품 생산	시제품 제작	생산 설계
④	시제품 제작	생산 설계	제품 생산

23 다음 설명에 해당하는 표준화의 특징은?

> USB 포트로 규격을 통일하여 각기 다른
> 전자 기기의 정보 교환 및 처리가 가능하다.

① 첨단 기술을 보호한다.
② 공공의 안전을 유지한다.
③ 현지의 재료를 사용한다.
④ 제품 간 호환성을 높인다.

24 국가 간 교류를 원활하게 하고 과학 기술 및 경제 활동의 협력 발전을 목적으로 같은 표준 기관에서 제정한 표준은 무엇인가?

① 특허권
② 국제 표준
③ 국가 표준
④ 기술 연구 개발

25 표준과 특허에 대한 설명으로 적절하지 <u>않은</u> 것은?

① 표준은 기술을 사유화한다.
② 특허는 첨단 기술을 보호한다.
③ 표준은 기술을 사회적으로 확산시킨다.
④ 특허는 창조적 발명에 대해 독점적 권리를 인정한다.

합격을 위한 최적의 교재!
고졸 검정고시 기술·가정

첨단 기술

✪ 이 단원은 첨단 제조 기술이 산업의 발달과 우리 생활에 미치는 영향을 설명할 수 있다. 또한 첨단 건설 기술, 첨단 생명 기술, 첨단 수송 기술, 첨단 통신 기술 등을 통해 미래 생활에서 첨단 기술이 우리 삶에 주는 영향을 알 수 있다.

01 첨단 제조, 건설, 생명 기술

- 첨단 제조 기술, 첨단 건설 기술, 첨단 생명 기술의 종류와 특징을 설명할 수 있다.
- 각 첨단 기술이 사용되는 분야의 특징을 알 수 있다.

1 첨단 제조 기술

1. 첨단 제조 기술

(1) 제조 기술

자연에서 얻은 재료를 가공하여 우리 생활에 필요한 제품을 만드는 기술을 말한다.

(2) 제조 기술 시스템

투입·과정·산출 단계를 거쳐 소재를 부품으로 바꾸고, 부품을 제품으로 바꾼다.

(3) 첨단 제조 기술의 동향

① 신소재 개발과 첨단 제조 기술의 발달로 산업의 발달에 큰 영향을 미치고 있다.

② 스마트 공장 : 공장 내 설비와 기계가 정보 통신 기술과 융합한 지능형 공장으로 변화하고 있다.

③ 협업용 로봇 : 인간과 함께 일할 수 있는 노동자 개념의 로봇이 등장하고 있다.

2. 첨단 제조 기술의 종류와 특징

(1) 메커트로닉스

① 정의 : 기계(mechanics)와 전자(electronics)의 합성어로, 기계적인 제품에 전자적인 부품을 더한 것에서 나아가 정보 처리 기술을 포함하는 융합 분야

② 메커트로닉스의 핵심 기술 : 기계 기술, 전자 기술, 정보 처리 기술

③ 메커트로닉스의 활용 : 자율 주행 자동차, 자동화 빌딩, 공장 자동화, 인공 지능 로봇 등

④ 메커트로닉스의 발전 방향 : 지능화·정밀화·고속화·소형화되며, 인공 지능형 시스템이 도입되어 다른 기술과 융합하는 형태로 더욱 복합적으로 발전할 것이다.

❯ 그래핀(Graphene)
탄소 원자가 서로 연결되어 벌집 모형의 평면 구조를 한 형태로 투명 디스플레이, 휘는 디스플레이, 이차 전지 등에 사용함.

❯ 파인 세라믹스(Fine Ceramics)
내열성, 내식성, 전기 절연성 등을 최대한 높여서 만든 물질로 우주 항공 장치, 인공 뼈, 인공 치아 등에 쓰임.

❯ 두랄루민
알루미늄과 구리, 마그네슘의 합금으로 비행기, 자동차 등에 쓰임.

❯ 알루미늄
가볍고 전기를 잘 전달. 음료수 캔, 창틀 등에 쓰임.

(2) 나노 기술

① 정의 : 원자나 분자 정도의 작은 크기 단위에서 물질을 합성하고 제어하여 그 성질을 활용하는 기술

② 나노 기술의 활용 : 의료 분야(나노 로봇), 에너지 분야(태양 전지), 정보 통신 분야(반도체), 신소재 분야(테니스 라켓), 우주 항공 분야(우주 엘리베이터)

③ 나노 기술의 특징 : 자연 친화성, 친환경성, 높은 기술 집약도, 경제성, 기술의 융합화

(3) 3D 프린터

① 3D 프린터 원리 : 3차원 모델링 프로그램을 이용하여 설계한 3차원 도면을 바탕으로 재료를 열에 녹여서 한 층씩 쌓아 올리면서 제품을 입체적으로 출력해 내는 것

② 3D 프린터의 특징

㉠ 재료의 낭비가 적어 경제적이다.

㉡ 모델링을 통해 손쉽게 제품을 만들 수 있다.

㉢ 시제품 제작이나 다품종 소량 생산에 적합하다.

㉣ 적층 구조로 제작되는 경우 제품의 표면이 매끄럽지 못하다.

③ 3D 프린터의 제품 제작 과정(FDM) 방식

모델링	프린팅	후처리
3D 프로그램이나 3D 스캐너를 이용하여 만들고자 하는 제품의 모습을 3차원 데이터로 준비한 후 3D 프린터가 인식할 수 있는 데이터로 변환	변환된 데이터가 3D 프린터로 전해지면 프린터는 입력된 값에 따라 플라스틱 재료를 녹인 후 노즐로 분사하여 적층 가공 방식으로 제품을 만듦.	프린팅 후 제품의 완성도를 높이기 위하여 사포 등의 도구로 제품의 거친 면을 다듬은 후 색칠

❯ 나노
1nm는 10억분의 1m로 일반적인 박테리아 크기의 1천분의 1, 머리카락 굵기의 10만분의 1 정도이다. 사람이 맨눈으로 볼 수 있는 가장 작은 물체는 대략 1만nm 정도이므로 nm의 영역은 나노 기술 없이는 쉽게 접근할 수 없는 영역이다.

❯ 태양 전지
태양 전지는 모기의 눈을 본떠 햇빛을 반사시키지 않고 흡수해서 에너지로 사용한다.

❯ 우주 엘리베이터
탄소 나노 튜브는 탄소 구조물로 강도, 전기 및 열전도가 뛰어나기 때문에 우주 엘리베이터를 실현 가능하게 할 것이다.

PART 05

/// Click 3D 프린터 인쇄 방식

- FDM(Fused Deposition Modeling) 방식 : 플라스틱을 녹여서 적층하는 방식
- SLS(Selective Laser Sintering) 방식 : 재료인 분말(금속, 자기, 석고 등)을 레이저로 굳혀서 성형하는 방식
- SLA(Stereolithography Apparatus) 방식 : 레진 및 왁스 액체를 레이저로 경화하여 성형하는 방식
- DLP(Digital Light Processing) 방식 : SLA 방식과 유사하며, 레이저 대신 빔 프로젝터의 빔으로 굳혀 성형하는 방식

2 첨단 건설 기술

1. 첨단 건설 기술의 이해

(1) 건설 기술

인간이 쾌적하고 안전한 생활을 하기 위하여 자연환경을 변화시키거나 구조물을 만드는 기술

(2) 첨단 건설 기술의 동향

건설 공간의 다양화 및 대형화, 저비용 건설 및 관리, 고효율 에너지 이용, 첨단 장비를 이용한 재난 예방 등

2. 첨단 건설 기술의 종류와 특징

(1) 초고층 빌딩

① 정의 : 50층 이상의 건물이나 높이 200m 이상의 건물

② 특징 : 바람과 지진 및 화재에 취약하므로 설계 시 바람과 진동에 의한 하중의 변화를 계산하여 내진·내풍설계, 위성측량 시스템으로 설계된다. 화재 예방을 위해 고강도 콘크리트를 사용하고, 화재 대피 공간 설계, 소방서 화재 원격 모니터링 시스템을 구축한다.

(2) 초장대 교량

① 정의 : 경간이 2,000m를 넘는 현수교나 1,000m 이상인 사장교

② 특징 : 고강도 케이블, 하중과 열 발생을 줄일 수 있는 콘크리트, 교량 유지·관리 시스템, 내풍 설계 시스템을 구축한다.

● 경간
다리의 기둥과 기둥 사이의 거리이다.

Ⅲ Click 초장대 교량

■ 현수교

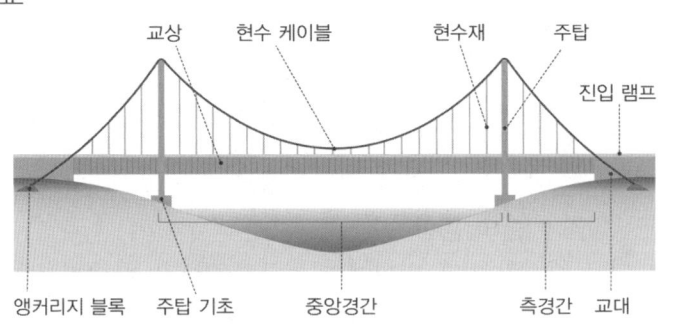

주탑 사이를 주 케이블로 연결하고, 이 주 케이블에 상부 구조를 매단 교량이다. 우리나라에서 경간이 제일 긴 현수교로는 이순신 대교(1,545m)가 있다.

■ 사장교

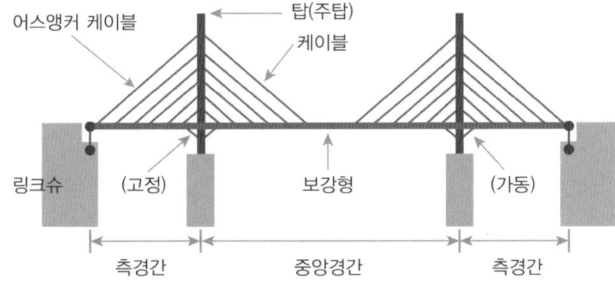

주탑을 세우고 주탑에서 바로 내린 케이블에 교량의 상부 구조를 매단 교량이다. 대표적인 사장교로는 인천 대교(800m)가 있다.

(3) 모듈러 하우스
　① 정의 : 블록을 조립하듯 공장에서 집을 제작한 다음 현장에서 설치하여 완성하는 건축물
　② 특징 : 간단한 시공 과정, 공사 기간 단축, 건축물의 분리와 해체가 쉬워 다양한 형태로 조합하거나 재배치가 가능하며, 재료를 재사용할 수 있어 친환경적이다.

(4) 패시브 하우스
　① 정의 : 첨단 단열 공법을 이용하여 외부의 열을 차단하고, 집 안의 열 손실을 최소화하여 기후 변화와 에너지 문제를 해결하는 친환경 건축물
　② 특징 : 단열벽 구조, 3중 창호, 열 교환 장치, 외부 차양 장치를 설치한다.

❷ 제로 에너지 하우스
에너지 소비량을 0으로 함으로써, 에너지 사용으로 인해 발생하는 탄소 배출량이 0인 집

❷ 외부 차양 장치
햇빛이 실내로 들어오는 것을 막기 위하여 외부에 설치하는 장치로, 외부에서 직접 전달되는 일사량의 70% 이상을 차단한다.

3 첨단 생명 기술

1. 첨단 생명 기술의 이해

(1) 생명 기술
살아 있는 생명체가 가지고 있는 여러 가지 기능을 활용하여 생활에 필요한 물질을 생산하는 기술

(2) 첨단 생명 기술의 동향
① 인구 증가와 기후 변화에 대응하기 위하여 우수한 품종을 개발하고 다양한 식량 생산 방법을 연구
② 식물 공장이나 스마트 농장을 도입
③ 질병의 예방과 치료에 효과적인 바이오 의약품이 개발되고 줄기세포를 이용한 재생 의료 기술이 발전

❯ 스마트 농장
작물의 재배 환경 요소를 사물 인터넷 기술로 측정, 분석하여 적절한 상태로 조절하는 식물 공장으로, 스마트 기기로 원격 관리가 가능하다.

2. 첨단 생명 기술의 활용

(1) 유전자 재조합 기술
개량을 원하는 작물의 유전자의 특정 부위를 잘라 내고 다른 종의 유전자를 넣거나 유전자를 변형하는 기술을 말한다.
ᐅ예 병충해에 강한 콩, 슈퍼 옥수수, 건조 기후에 저항성을 가진 벼, 백신 개발

(2) 세포 융합
서로 다른 두 종류의 세포를 융합하여 새로운 잡종 세포를 만드는 기술로, 각각의 생물체가 가지고 있는 우수한 형질을 갖도록 품종을 개량한다.
ᐅ예 포마토(pomato), 무추

(3) 핵 이식
복제하려는 생물의 체세포에서 핵을 채취하여 핵을 제거한 다른 생물체의 난자에 이식하는 기술로, 생물의 복제, 멸종 위기 생물의 보존에 이용된다.
ᐅ예 복제 고양이 CC, 복제 개 스너피

(4) 조직 배양

다세포 생물의 몸을 구성하는 조직의 일부나 세포를 분리하여 유리 용기 내에서 생존시키거나 증진시킨다.

예 산삼 배양근, 울릉도의 고추냉이

(5) 의료 분야에서 활용되는 생명 기술

유전자 가위 기술	유전체에서 원하는 부위의 DNA를 정교하게 잘라 내는 기술
광유전학 기술	빛을 이용해 신경 세포의 활동을 조절하는 기술
바이오 의약품	생명체의 단백질이나 호르몬 같은 물질을 사용하여 만드는 의약품으로, 화학 의약품에 비해 부작용이 적고 약효가 뛰어남.
원격 진료	상호 작용이 가능한 정보 통신 기술을 이용하여 원거리에서 의료 정보와 의료 서비스를 전달하는 모든 활동을 의미함.
바이오 장기	기능을 잃은 인간의 조직과 장기를 복원·재생·대체하기 위해 생명 기술을 이용하여 인간 생체의 장기와 같은 기능을 갖는 기기를 인공적으로 만드는 것
로봇을 활용한 의료	의료용 로봇을 이용하여 사람의 손으로 하기 어려운 섬세하고 복잡한 수술을 함.

02 첨단 수송, 통신 기술

- 첨단 수송 기술, 첨단 통신 기술의 종류와 특징을 설명할 수 있다.
- 각 첨단 기술이 사용되는 분야의 특징을 알 수 있다.

1 첨단 수송 기술

1. 첨단 수송 기술의 이해

(1) 수송 기술

자동차나 비행기 등 수송 수단을 이용하여 사람이나 물건을 한 장소에서 다른 장소로 이동시키는 기술

(2) 첨단 수송 기술의 동향

지능화, 무인화, 친환경화, 초고속화

2. 첨단 수송 기술의 종류와 특징

(1) 자율 주행 자동차

① 정의 : 운전자가 직접 운전을 하지 않아도 자동차 스스로 주변 환경을 인식하고 목적지까지 자율적으로 주행하는 자동차
② 특징 : 방향 제어, 사물 탐지 및 충돌 방지, 종합·분석 시스템으로 구성되며, 시스템이 유기적으로 작동하게 설계하여야 한다.
③ 핵심 기술 : 중앙 처리 장치(CPU), 전후방 레이더, 전방 카메라, 위성 위치 확인 시스템(GPS)

(2) 친환경 자동차

전기를 동력으로 사용하며, 동력 기관에 따라 전기 자동차, 하이브리드 자동차, 수소 연료 전지 자동차로 구분한다.

구분	동력원	원리
전기 자동차	축전지	외부 전원에서 차체의 축전지에 충전한 전기로 전동기를 돌려 주행
하이브리드 자동차	내연 기관과 전동기	출발과 저속 구간에서는 에너지 절약을 위해 전동기의 동력만 사용하고, 고속 주행 등에서는 내연 기관과 전동기가 동시에 작동

수소 연료 전지 자동차	연료 전지와 전동기	연료 전지 내에서 수소와 산소가 화학 반응 하여 전기가 생성되며, 전기 자동차와 같은 원리로 전동기가 자동차를 구동

Click 친환경 자동차

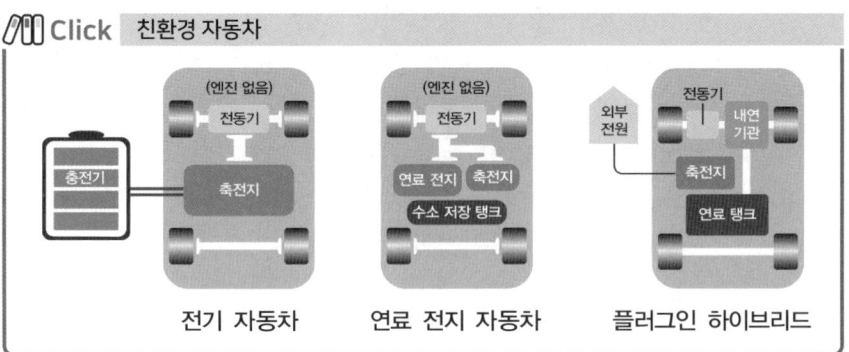

전기 자동차   연료 전지 자동차   플러그인 하이브리드

(3) 드론

    ① 정의 : 조종사가 탑승하지 않고 전파를 통해 원격으로 조종하는 무인 항공기

    ② 사생활 침해, 해킹의 위험성, 추락 위험 등의 문제가 있다.

Click 첨단 수송 수단

- 우주 여객선 : 일반인이 우주여행을 할 수 있도록 개발되고 있는 여객선
- 태양광 비행기 : 태양광 에너지만으로 전동기를 구동하여 비행하고, 날개에 태양 전지를 설치하여 전기 에너지를 공급받음.
- 자기 부상 열차 : 자기력을 이용하여 차량을 선로 위로 띄워 주행하는 열차로, 선로와의 접촉이 없어 진동과 소음이 매우 적고, 빠른 속도를 유지함.
- 하이퍼루프 : 진공 터널 안에서 자기 부상 기술로 열차를 띄워 사람이나 화물을 음속에 가까운 시속 1,200km로 옮길 수 있는 열차

2 첨단 통신 기술

1. 첨단 통신 기술의 이해

(1) 정보 통신 기술

    정보 기기로 정보를 처리하고 통신하는 기술의 결합

(2) 정보 통신 기술의 특징

    정보의 전달 방법이 다양하며, 다른 기술과 융합하여 기술을 더욱 발전시킨다.

2. 첨단 통신 기술의 종류와 특징

(1) 빅 데이터

① 정의 : 많은 양의 데이터에서 빠르게 정보를 추출하고 분석하여 가치 있는 정보를 찾아내는 기술

② 빅 데이터의 특징 : 규모가 매우 크며, 데이터의 형식이 다양하고, 변화의 속도가 빠르다.

③ 빅 데이터의 수집 및 분석 과정에서 개인 정보 노출의 위험성이 크므로, 데이터의 수집부터 관리까지 철저한 보안 관리와 사생활 보호가 이루어져야 한다.

(2) 사물 인터넷

① 정의 : 사람, 사물, 데이터 등이 네트워크로 연결되어 정보가 생성·수집·공유·활용되는 것

② 사물 인터넷의 특징 : 사물 간의 통신으로 기억, 판단, 명령을 자동적으로 수행하며, 현실과 가상 세계의 모든 정보가 지능적으로 상호 작용을 한다.

③ 사물 인터넷의 활용 사례 : 스마트 홈, 스마트 가로등, 스마트 소화기, 스마트 교량 등

(3) 클라우드 컴퓨팅

① 정의 : 사진, 문서, 영상, 소프트웨어 등과 같은 컴퓨팅 자원을 큰 서버에 옮겨 두고 사용자가 언제 어디서나 접근해 사용할 수 있는 기술

② 클라우드 컴퓨팅의 특징

㉠ 언제 어디서든 활용이 가능하며, 사물 인터넷과 빅 데이터를 더욱 효과적으로 활용할 수 있다.

㉡ 효과적인 정보 자원 관리가 가능하고 비용 절감이 크다.

(4) 증강 현실과 가상 현실

① 증강 현실(AR) : 현실의 정보에 부가적인 정보를 가상의 영상으로 보여 주는 기술

예 헤드업 디스플레이(HUD)

② 가상 현실(VR) : 일상적으로 경험하기 어려운 것을 가상의 정보로 재현하여 사용자에게 가상의 현실 속에서 실제 경험하고 있는 것처럼 만들어 주는 기술

예 비행기 모의 훈련, 3D 게임 등

❯ 홀로그램
두 빛이 만날 때 발생하는 간섭 현상을 이용해 물체나 장면을 3차원으로 기록한 것을 말한다.

❯ NFC
13.56MHz 대역의 주파수를 사용하여 10cm 이내의 거리에서 무선 데이터를 주고받는 통신 기술

PART 05 기출 및 적중예상문제

정답 및 해설 p. 13

01 ▶ 첨단 제조, 건설, 생명 기술

01 다음에서 설명하는 기술 분야로 옳은 것은?

> 도구나 기계를 사용하여 인간에게 유용한 제품을 만들어 내는 수단이나 활동을 말한다.

① 제조 기술　　② 건설 기술
③ 생명 기술　　④ 수송 기술

02 첨단 제조 기술의 영향으로 옳지 <u>않은</u> 것은?

① 우리 생활을 더욱 편리하게 만든다.
② 다른 산업에 영향을 주어 전체 산업을 성장시킨다.
③ 기술 혁신의 핵심 자원으로 현재와 미래에 중요한 분야이다.
④ 첨단 제조 기술의 자동화로 일자리와 신산업의 기회가 줄어든다.

03 다음에서 설명하는 첨단 제조 기술은 무엇인가?

> 기계와 전자의 합성어로, 기계 기술과 전자 기술을 응용하여 목적에 적합한 시스템을 구성하는 기술이다.

① 나노 기술　　② 바이오칩
③ 3D 프린터　　④ 메커트로닉스

04 나노 기술에 대한 설명으로 옳은 것은?

① 정보를 효과적으로 주고받기 위한 방법이다.
② 자연환경을 극복하여 필요한 구조물을 만든다.
③ 기계·전자 기술을 응용하여 시스템을 구성한다.
④ 분자 정도의 크기 단위에서 물질을 합성하여 그 성질을 활용한다.

05 다음에서 설명하는 기술은 무엇인가?

> 10억분의 1미터인 작은 크기 단위에서 물질을 합성·조립·제어하여 소재, 부품, 시스템 등을 만드는 기술이다.

① 정보 기술　　② 전기 기술
③ 나노 기술　　④ 바이오 기술

06 3D 프린터의 설명으로 옳지 <u>않은</u> 것은?

① 모델링을 통해 손쉽게 제품을 만들 수 있다.
② 집에서도 필요한 물건을 쉽게 만들 수 있다.
③ 시제품 제작이나 소품종 대량 생산에 적합하다.
④ 적층 구조로 제작되는 경우는 제품의 표면이 매끄럽지 못하다.

07 다음 설명에 해당하는 3D 프린팅 제작 과정은 무엇인가?

> 제품의 완성도를 높이기 위하여 사포 등의 도구로 제품의 거친 면을 다듬은 후 색칠하는 단계

① 모델링
② 프린팅
③ 후처리
④ 모델링 테이터 변환

08 3D 프린팅 과정을 순서대로 바르게 나열한 것은?

① 모델링 → 프린팅 → 후처리
② 모델링 → 후처리 → 프린팅
③ 프린팅 → 모델링 → 피니싱
④ 프린팅 → 피니싱 → 모델링

09 첨단 건설 기술의 동향으로 옳지 않은 것은?

① 다른 기술과 융합하여 진화한다.
② 여러 첨단 기술이 적용된 건축물은 환경에 부정적 영향을 준다.
③ 지능형 교통 시스템을 이용하여 도로 주행의 안전성을 제공한다.
④ 철저한 안전 진단 및 내진 설계 등으로 안전한 건축물을 건설한다.

10 초고층 빌딩에 대한 설명으로 옳은 것은?

① 도시에 과밀화가 촉진된다.
② 도시의 녹지 공간 부족 현상이 초래된다.
③ 거대한 건축물이기 때문에 관리가 어렵다.
④ 소방서 화재 원격 모니터링 시스템을 구축한다.

11 다음 설명에 해당하는 것은?

> 블록을 조립하듯 공장에서 집을 제작한 다음 현장에서 설치하여 완성하는 건축물이다.

① 아파트
② 첨단 하우스
③ 패시브 하우스
④ 모듈러 하우스

12 〈보기〉의 모듈러 하우스 제작 과정을 순서대로 바르게 배열한 것은?

┤ 보기 ├
ㄱ. 공장에서 모듈 제작
ㄴ. 차량으로 모듈 운반
ㄷ. 현장에서 모듈 조립
ㄹ. 크레인으로 모듈 설치

① ㄱ → ㄴ → ㄹ → ㄷ
② ㄴ → ㄱ → ㄷ → ㄹ
③ ㄷ → ㄹ → ㄱ → ㄴ
④ ㄹ → ㄷ → ㄴ → ㄱ

13 다음과 같은 특징을 가진 가장 적절한 건축물은 무엇인가?

> • 기밀성이 높은 삼중창을 사용한다.
> • 두꺼운 단열재를 사용하고, 틈을 최소화한다.
> • 단열 성능을 높이고 열 교환기를 이용하여 실내의 온도를 적절하게 유지한다.

① 초고층 빌딩
② 초장대 교량
③ 패시브 하우스
④ 모듈러 하우스

14 다음 설명에 적용된 기술을 〈보기〉에서 고른 것은?

> 바이오칩, 바이오센서 등을 통해 질병을 실시간으로 진단하는 원격 진료가 가능하다. 이로 인하여 환자가 시간과 공간의 제약 없이 진료를 받을 수 있다.

┤ 보기 ├
ㄱ. 건설 기술　　　ㄴ. 생명 기술
ㄷ. 수송 기술　　　ㄹ. 정보 통신 기술

① ㄱ, ㄴ　　　　② ㄱ, ㄷ
③ ㄴ, ㄹ　　　　④ ㄷ, ㄹ

15 다음 (가)와 (나) 교량의 명칭으로 옳은 것은?

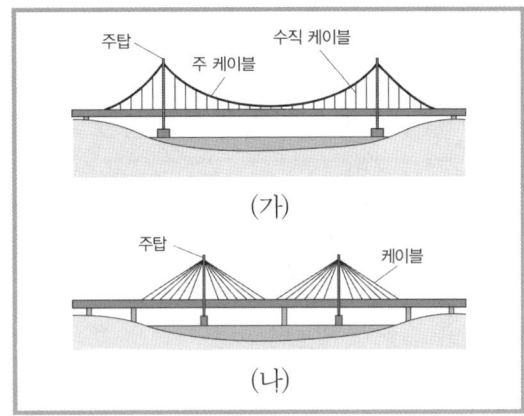

	(가)	(나)
①	사장교	트러스교
②	아치교	현수교
③	현수교	사장교
④	트러스교	아치교

16 생명 기술의 미래 전망으로 옳지 <u>않은</u> 것은?

① 바이오칩과 바이오센서, 나노 로봇 등이 활용된다.
② 다른 기술과 융합하지 않고 생명 기술에만 집중한다.
③ 의료, 환경, 반도체 등 다양한 분야에 활용되고 있다.
④ 새로운 품종과 생산 방법을 지속적으로 연구하고 있다.

17 다음에서 설명하는 기술을 무엇이라 하는가?

> 개량을 원하는 작물의 유전자의 특정 부위를 잘라 내고 다른 종의 유전자를 넣거나 유전자를 변형하는 기술이다.

① 핵 이식
② 세포 융합
③ 바이오 장기
④ 유전자 재조합 기술

18 다음에서 설명하는 생명 기술은 무엇인가?

> • 유전체에서 원하는 부위의 DNA를 정교하게 잘라 내는 기술이다.
> • 유전 질환이나 난치병 치료에 활용할 수 있다.

① 원격 진료
② 바이오 장기
③ 광유전학 기술
④ 유전자 가위 기술

19 다음 (가)에 해당하는 것은?

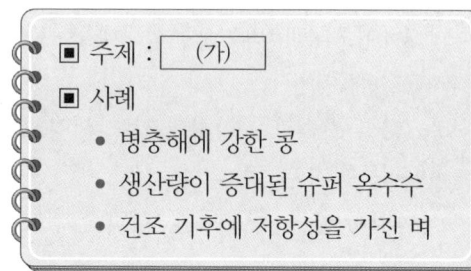

> ■ 주제 : (가)
> ■ 사례
> • 병충해에 강한 콩
> • 생산량이 증대된 슈퍼 옥수수
> • 건조 기후에 저항성을 가진 벼

① 핵 이식   ② 세포 융합
③ 조직 배양   ④ 유전자 재조합

20 다음에서 설명하는 자동차는 무엇인가?

> 운전자가 직접 운전을 하지 않아도 자동차 스스로 주변 환경을 인식하고 목적지까지 자율적으로 주행하는 자동차이다.

① 전기 자동차
② 자율 주행 자동차
③ 하이브리드 자동차
④ 수소 연료 전지 자동차

21 다음 중 설명이 옳지 않은 것은?

① 전기 자동차의 동력원은 축전지이다.
② 하이브리드 자동차는 수소와 산소가 화학 반응하여 전기가 생성된다.
③ 수소 연료 전지 자동차는 연료 전지와 전동기를 동력원으로 사용한다.
④ 친환경 자동차는 전기를 동력으로 사용하며, 하이브리드 자동차, 전기 자동차, 수소 연료 전지 자동차 등으로 구분된다.

22 하이브리드 자동차가 가속하거나 오르막을 운행할 때의 동력장치는?

① 수소 에너지
② 태양열 에너지
③ 엔진과 전동기
④ 완충기와 조향기

23 그림에 해당하는 친환경 자동차의 특징은?

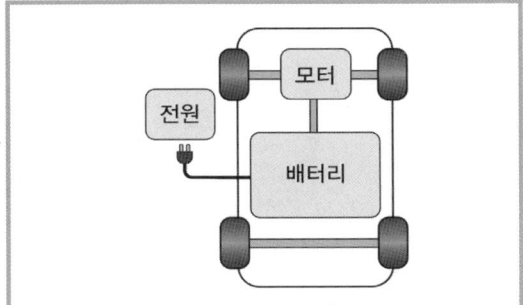

① 화석 연료를 사용한다.
② 배기가스를 배출하지 않는다.
③ 두 개의 동력원을 가지고 있다.
④ 수소와 산소의 화학 반응을 이용한다.

24 다음 설명에 해당하는 첨단 수송 기술은?

> 조종사가 탑승하지 않고 전파를 통해 원격으로 조종하는 무인 항공기이다.

① 드론
② 하이퍼루프
③ 우주 여객선
④ 태양광 비행기

25 하이퍼루프에 대한 설명으로 옳은 것은?

① 우주여행을 할 수 있도록 개발되고 있는 여객선이다.
② 태양광 에너지만으로 전동기를 구동하여 비행한다.
③ 자기력을 이용하여 차량을 선로 위로 띄워 주행하는 열차이다.
④ 진공 터널 안에서 열차를 띄워 사람이나 화물을 음속에 가까운 시속 1,200km로 옮길 수 있다.

26 다음에서 설명하는 첨단 통신 기술은 무엇인가?

> 사진, 문서, 영상 등과 같은 컴퓨팅 자원을 큰 서버에 옮겨 두고 사용자가 언제 어디서나 접근해 사용할 수 있는 기술

① 인터넷
② 빅 데이터
③ 사물 인터넷
④ 클라우드 컴퓨팅

27 다음과 같은 특징을 가진 첨단 통신 기술은 무엇인가?

> 사물 간의 통신으로 기억, 판단, 명령을 자동적으로 수행하며, 현실과 가상 세계의 모든 정보가 지능적으로 상호 작용을 한다.

① 빅 데이터
② 사물 인터넷
③ 5G 통신 기술
④ 클라우드 컴퓨팅

28 표의 (가)와 (나)에 해당하는 것은?

(가)	현실 세계에 가상의 물체를 겹쳐 보여 주어 정보를 제공하는 기술이다.
(나)	일상생활에서 경험하기 어려운 것을 가상의 정보로 재현하여 실제 경험하고 있는 것처럼 만들어 주는 기술이다.

	(가)	(나)
①	블루투스	증강 현실
②	가상 현실	빅 데이터
③	빅 데이터	블루투스
④	증강 현실	가상 현실

합격을 위한 최적의 교재!

고졸 검정고시 기술·가정

PART

06

지속 가능한 발전과 기술

✪ 이 단원은 미래 기술의 변화에 따른 세계의 변화를 이해하고, 산업 재해 및 자동차 사고의 예방과 대책을 알아보며, 지속 가능한 발전 방안을 적용할 수 있는 기술의 분야를 탐색한다. 지속 가능한 발전 및 적정 기술과 관련된 문제를 창의적으로 탐색하고 실현하며 평가할 수 있는 기술적 문제 해결 능력과 기술 활용 능력을 기른다.

01 지속 가능한 발전과 적정 기술

- 사회적 · 경제적 · 환경적 측면에서의 지속 가능한 발전에 적용 가능한 기술 분야를 설명할 수 있다.
- 적정 기술의 이해와 특징을 알 수 있다.

1 지속 가능한 발전

1. 지속 가능한 발전의 이해

(1) 지속 가능한 발전의 의미

제한된 자원 속에서 무조건적인 경제 성장은 가능하지 않음을 인정하고, 현재와 미래 세대의 필요를 골고루 충족하면서 지속적으로 살아갈 수 있도록 발전해 가는 것을 말한다.

(2) 지속 가능한 발전을 위해서는 사회 정의, 경제 성장, 환경 보전을 균형 있게 고려해야 한다.

2. 지속 가능한 발전 방안

(1) 사회, 경제, 환경 간 균형을 유지하도록 인구 증가 및 경제 성장이 생태계 수용 능력의 한계 내에서 조화를 이루어야 한다.

(2) 개발을 할 때에 지역적인 관점의 환경 상태뿐만 아니라 지구적 관점을 고려하여 개발해야 한다.

(3) 지속 가능한 발전의 핵심 요소

❷ 지속 가능한 발전의 핵심 요소

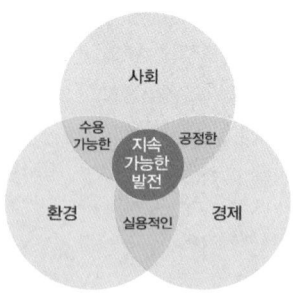

사회적 측면	• 모든 인류의 건강하고 평등한 삶이 보장되어야 함. • 성별이나 지역에 상관없이 양질의 교육을 받을 수 있어야 함.
경제적 측면	• 생태계와 환경을 훼손하지 않으면서 지속적으로 발전해 갈 수 있는 경제 개발 • 사회와 환경의 유지 · 보수를 위한 적절한 투자가 이루어져야 함.
환경적 측면	• 재생 가능한 에너지를 활용하여 환경 파괴를 줄일 수 있어야 함. • 안전하고 복원력 있는 주거 환경을 조성해야 함.

2 적정 기술

1. 적정 기술의 이해

(1) 적정 기술의 의미

사회 공동체의 사회적·경제적·정치적·문화적·환경적 조건 등을 고려하여 해당 지역에서 지속적인 생산과 소비가 가능하도록 만들어진 기술

(2) 열악한 환경에서 생활하는 소외된 사람들에게는 첨단 기술보다 생활 환경을 개선해 줄 수 있는 기술이 더 필요하다.

(3) 사례

Q드럼, 라이프스트로, 자전거 세탁기, 페트병 전구, 항아리 냉장고, 머니메이커 펌프, 사탕수수 숯

Click 적정 기술의 사례

| Q드럼 | 라이프스트로 | 항아리 냉장고 |

Q드럼
원통 가운데로 구멍이 뚫린 부분에 끈이 연결된 형태의 물통으로, 많은 양의 물을 적은 힘으로 이동시킬 수 있다.

라이프스트로
오염된 물을 깨끗하게 해 주는 휴대용 정수 빨대이다. 오염된 물을 먹고 질병에 걸리기 쉬운 심각한 물 부족 국가에서 아주 유용하게 쓰일 수 있다.

머니메이커 펌프
페달만을 밟아 지하의 물을 끌어올릴 수 있다.

2. 적정 기술의 특징과 의의

(1) 적정 기술의 특징

① 기술 개발 비용이 저렴하다.

② 에너지 소모가 적으며, 환경 오염을 최소화한다.

③ 기술의 혜택이 미치지 못하는 지역이나 소외 계층 등 특정 사람들을 지원하는 기술이다.

④ 환경 보호와 소득 증대를 겸비한 기술이다.

⑤ 지속 가능한 발전을 위한 방안이다.

(2) 적정 기술의 의의

지구촌의 사회·환경·식량 문제 등을 해결하여 인류 모두가 행복한 삶을 살아갈 수 있게 하는 착한 기술, 나눔의 기술이다.

02 직업 세계와 안전

- 미래의 기술 변화를 예측하고, 그에 따른 직업 세계의 변화를 전망할 수 있다.
- 산업 현장에서 발생하는 안전사고의 종류와 예방법을 알 수 있다.
- 자동차에 의한 사고의 원인을 알고, 사고 예방을 위한 올바른 이용 방법을 설명할 수 있다.

1 미래 기술과 직업

1. 기술의 발달에 따른 사회 변화

농업 사회에서 산업 사회, 정보화 사회로 발전하였고, 생활 방식과 가치관 등도 변화하였다. → 다양한 분야의 기술이 융합적인 형태로 발달하고 새로운 분야의 개발을 가속화하여 우리 사회를 새롭게 변화, 발전시킨다.

2. 미래 직업 세계의 변화

(1) 미래 사회 직업 변화의 특징

① 인간의 감성이나 창의성을 필요로 하는 분야, 인공 지능 분야 등의 직업 증가

② 기술 분야에서는 급격히 증가하는 데이터의 저장과 처리 비용의 하락으로 정보 통신 전문가의 수요가 다양한 분야에서 급증

③ 지능형 기기나 로봇으로 대체가 가능한 일자리는 줄어들지만, 그 기술을 연구·개발하는 인력의 수요는 증가

(2) 미래 직업 세계의 전망

분야	전망	직업
농업	지속 가능한 농업으로 변화	도시 농업 활동가, 도시 재생 전문가, 기후 변화 전문가, 정밀 농업 기술자 등
로봇	로봇 관련 일자리 증가	로봇 감성 인지 연구원, 지능 로봇 연구 개발자, 로봇 도우미 전문가, 생체 인식 전문가, 로봇 공학 기술자 등
에너지	대체 에너지 관련 분야 고용 증가	신·재생 에너지 전문가, 친환경 자동차 연구 개발자, 연료 전지 개발 및 연구자, 바이오 에너지 연구원, 폐기물 에너지화 연구원 등
신소재	합성 물질 분야 등 고용 창출	입체 프린터 개발자, 석유 화학 공학 기술자, 재료 공학 기술자, 화학 공학 기술자 등

의료	만성 질환 치료가 가능한 보건 산업 연구 분야 확대	스마트 헬스 케어 서비스 기획자, 생명 공학자, 인공 장기 조직 개발자 등
정보 통신	초고속 인터넷 수요 증가	빅 데이터 전문가, 클라우드 보안 전문가, 증강 현실 엔지니어, 홀로그램 전시 기획자, 사물 인터넷 개발자 등

2 산업과 생활 안전

1. 산업 재해

근로자가 사업주에게 고용되어 산업 활동을 수행하던 중 사고를 당해 발생한 인명과 재산의 피해

2. 산업 재해의 예방과 대책

(1) 산업 재해의 종류와 원인

떨어짐	높은 곳에서 작업 시 안전 장비 미흡 및 결함이나 부주의 등으로 추락하는 사고
붕괴	건축물 해체 작업 등의 건설 현장에서 물체가 떨어지거나 날아오는 사고
화재	밀폐 공간에서 작업을 할 때 가스 누출 등으로 화재가 발생하는 사고
부딪힘	운전 부주의, 작업 동선의 겹침 등으로 둘 이상의 물체나 사람이 충돌하는 사고
감전	물에 젖은 손으로 전기 기구를 만지거나 고압선 근처에서의 작업 등으로 전기가 몸에 흐르는 사고
깔림	작업장에서 재료 등을 불안전한 상태로 두어 재료가 넘어지면서 깔리는 사고
끼임	작업자가 기계나 장치 등에 끼이는 사고

(2) 산업 재해의 예방법

① 감전 방지 : 절연 보호구 착용, 감전 경고 표지 부착, 누전 여부 수시 점검

② 추락 예방 : 안전대 사용, 안전 난간 및 추락 방지망 설치

③ 건설 기계 사용 시 작업 반경 내 관계자 외 출입 금지

④ 안전 보호구 반드시 착용, 작업장 정리 정돈, 위험 구역에는 관계자 외 출입 금지

(3) 생활 속 재해의 원인과 예방 대책
　① 산업의 발달과 함께 생활은 편리해졌지만 생명과 안전을 위협하는 요인도 증가하였다.
　② 생활 속에서 각종 안전사고를 예방하고 안전 의식을 정착시키기 위해서는 안전에 대한 올바른 지식과 가치관 및 태도가 필요하다.

3 자동차 안전

1. 자동차 사고의 원인과 사례

주로 운전자의 부주의, 주위 환경, 차량 결함 등의 원인으로 발생되며, 자동차 작동의 미숙과 올바른 관리 방법에 대한 기술적 소양 부족 등도 원인이다.

(1) 운전자 부주의로 인한 사고
　주로 교통 신호 위반, 불법 유턴, 차선 위반, 안전거리 미확보, 안전띠 미착용 등의 위반으로 발생
　예 과속 운전, 음주 운전, 졸음운전, 운전 중 휴대전화 사용 등

(2) 환경 요인에 의한 사고
　운전자가 사전에 인지하기 어려운 환경 요인도 자동차 사고 발생의 주요 요인이다.
　예 날씨 상태, 교통안전 시설의 미비 등

(3) 차량 결함에 의한 사고
　정비 불량이나 구조 결함 등이 원인
　예 주행 중 엔진 정지, 주행 중 타이어 펑크, 냉각수 부족, 배선 합선 등에 따른 차량 화재

2. 자동차의 작동과 관리

자동차의 안전과 운행을 위해서는 올바른 운전 자세와 함께 자동차의 점검과 관리를 생활화하는 것이 필요하다.

(1) 자동차의 작동

변속기의 종류에 따라 자동 변속기 차량과 수동 변속기 차량이 있다.

(2) 자동차의 관리

자동차는 주행거리가 늘어남에 따라 부품이 마모 또는 손상되어 고장 및 사고의 원인이 되므로 점검과 정비를 철저히 하여 자동차를 최적의 상태로 유지하는 것이 자동차의 수명도 연장하고, 안전을 위해서도 중요하다.

① **일상 점검** : 자동차를 운행하기 전에 운전자가 차량 외관, 엔진 룸 상태, 계기판 및 각종 장치의 작동 상태 등을 직접 점검하는 것

② **정기 점검** : 점화 플러그 및 배선, 각종 오일 교환 등 일정한 기간마다 점검하는 것

𝄆Click 자동차의 올바른 관리 방법

- 냉각수와 브레이크액의 양과 상태를 점검하여 엔진 과열을 예방함.
- 축전지의 점검 창의 색이 녹색이면 정상, 검은색이면 충전 필요, 흰색이면 교체해야 함.
- 엔진 오일의 양을 확인하고, 엔진 오일을 교환할 때 불순물을 걸러 주는 엔진 오일 필터도 함께 교체함.
- 브레이크액의 양을 확인하고 브레이크액이 기준선 밑으로 내려가 있으면 브레이크 패드의 마모가 많이 진행되었을 가능성이 있으므로 교체함.
- 타이어 마모 한계선을 확인하고 자동차의 운행 상태나 운전자의 운전 습관에 따라 교체 시기를 조정함.
- 에어컨 필터는 보통 6개월 주기로 교환함.

---

❷ 축전지
전기 에너지를 화학 에너지로 바꾸어 모아 두었다가 필요한 때에 전기로 재생하는 장치이다.

Click 운행 전에 확인해야 할 경고등

- 🔋 **배터리 경고등** : 배터리가 방전되었거나 팬 벨트가 끊어졌을 때, 충전 장치가 고장 났을 때 점등
- 🔧 **엔진 경고등** : 엔진 작동에 필요한 전자 제어 장치나 배기가스 제어 센서에 이상이 발견되었을 때 점등
- 🛢 **오일 압력 경고등** : 엔진의 생명을 좌우하는 엔진의 오일이 순환하지 않거나 오일이 부족할 때 점등
- 🌡 **냉각수 온도 경고등** : 엔진 과열에 의한 다양한 문제 또는 수온 조절기의 문제가 발생하였을 때 점등
- (ABS) **ABS 경고등** : 급제동할 때 바퀴가 잠기는 현상을 막는 장치(ABS)와 브레이크 이상이 감지되면 점등
- (!)(P) **주차 브레이크 경고등** : 브레이크액이 부족할 때, 브레이크 패드가 닳아서 교체가 필요할 때 점등
- (!) **타이어 공기압 경고등** : 타이어의 공기압이 기준보다 낮으면 점등
- 🚶 **에어백 경고등** : 에어백에 이상이 있을 때 점등

3. 사고 현장의 안전 관리

(1) 안전한 곳에 주차하거나 사고 현장에 정차할 때에는 비상 점멸등을 켠다.

(2) 각종 등화 장치를 활용하여 사고 현장을 표시한다. 현장의 앞뒤 100m 정도에 사고 표지를 설치한다.

(3) 사고 차량의 시동을 끄고, 다른 위험 요소, 인화 물질, 연료의 유출 등이 있는지 확인한다.

(4) 부상자를 확인하여 구조 요청 및 응급 의료 기관에 연락한다.

PART 06 기출 및 적중예상문제

정답 및 해설 p. 17

01 지속 가능한 발전과 적정 기술

01 다음에서 설명하는 개념은 무엇인가?

> 현재와 미래 세대의 필요를 골고루 충족하면서 지속적으로 살아갈 수 있도록 발전해 가는 것을 의미한다.

① 생명 기술
② 적정 기술
③ 바이오 기술
④ 지속 가능한 발전

02 다음 설명에 해당하는 지속 가능한 발전의 핵심 요소는 무엇인가?

> 재활용 가능한 제품 설계, 친환경 생산 기술 적용, 친환경 제품을 사용한다.

① 경제적 측면
② 사회적 측면
③ 환경적 측면
④ 개인적 측면

03 그림의 지속 가능한 발전에서 환경적 측면의 목표로 적절한 것을 〈보기〉에서 고른 것은?

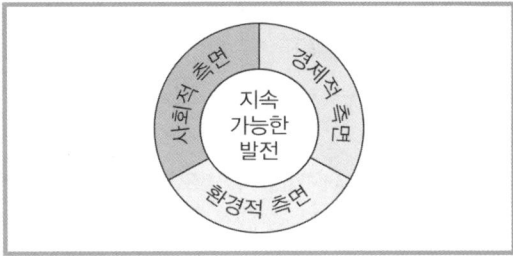

┤ 보기 ├
ㄱ. 양성평등
ㄴ. 생태계 보호
ㄷ. 양질의 일자리
ㄹ. 깨끗한 물과 위생

① ㄱ, ㄴ
② ㄱ, ㄷ
③ ㄴ, ㄹ
④ ㄷ, ㄹ

04 열악한 환경에서 생활하는 소외된 사람들의 생활을 개선해 줄 수 있는 기술은 무엇인가?

① 정보 기술
② 로봇 기술
③ 첨단 기술
④ 적정 기술

05 다음과 같은 제품을 생산하는 기술을 무엇이라 하는가?

> • Q드럼   • 라이프스트로
> • 자전거 세탁기   • 항아리 냉장고

① 첨단 기술   ② 적정 기술
③ 생명 기술   ④ 사물 인터넷

06 적정 기술에 대한 설명으로 옳지 <u>않은</u> 것은?

① 초기 기술 개발 비용이 비싸다.
② 환경 보호와 소득 증대를 겸비한 기술이다.
③ 에너지 소모가 적으며, 환경 오염을 최소화한다.
④ 소외 계층 등 특정 사람들을 지원하는 기술이다.

02 **직업 세계와 안전**

07 다음은 어떤 기술의 특징에 대하여 학생이 정리한 노트의 일부이다. (가)에 들어갈 미래 기술로 가장 적절한 것은?

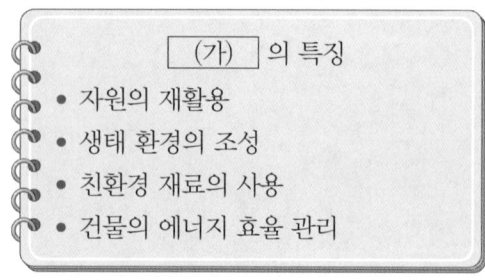

> ___(가)___ 의 특징
> • 자원의 재활용
> • 생태 환경의 조성
> • 친환경 재료의 사용
> • 건물의 에너지 효율 관리

① 정보 통신 기술
② 항공 수송 기술
③ 환경과 건설 기술
④ 로봇과 자동화 기술

08 미래의 기술 변화와 직업 전망에 대한 설명으로 옳은 것은?

① 직업은 세분화, 전문화될 것이다.
② 기술의 발달 속도는 점차 느려질 것이다.
③ 직업의 쇠퇴와 소멸 주기가 길어질 것이다.
④ 미래 기술 변화의 영향력은 점차 약해질 것이다.

09 미래 직업 세계의 전망으로 옳지 <u>않은</u> 것은?

① 대체 에너지 분야의 고용이 증가할 것이다.
② 작업용 로봇의 등장으로 일자리가 사라질 것이다.
③ 빅 데이터 전문가, 사물 인터넷 개발자 등의 직업은 사라질 것이다.
④ 고도의 기술을 필요로 하는 특수 분야에서의 일자리가 새롭게 등장할 것이다.

10 산업 재해에 대한 설명으로 옳지 <u>않은</u> 것은?

① 산업 재해는 근로자의 안전을 위협한다.
② 산업 재해는 경제적으로 손실을 발생시켜 악영향을 준다.
③ 산업 재해는 예측할 수 없기 때문에 대처법에만 집중해야 한다.
④ 근로자가 사업주에게 고용되어 산업 활동을 수행하던 중 발생하는 사고이다.

11 다음에서 설명하는 산업 재해의 종류는 무엇인가?

> 건축물 해체 작업 등의 건설 현장에서 물체가 떨어지거나 날아오는 사고이다.

① 붕괴　　　　② 화재
③ 감전　　　　④ 떨어짐

12 추락 예방을 위한 방법이 <u>아닌</u> 것은?

① 안전대 사용
② 안전 난간 설치
③ 추락 방지망 설치
④ 절연 보호구 착용

13 산업 재해의 예방법이 <u>아닌</u> 것은?

① 감전 방지를 위해 감전 경고 표지를 부착한다.
② 건설 기계 사용 시 작업 반경 내 관계자 외출입을 금한다.
③ 작업장 정리 정돈, 위험 구역에는 관계자 외 출입을 금한다.
④ 추락 사고를 예방하기 위해 밀폐 공간에서 작업할 때는 가스 누출을 조심해야 한다.

14 다음 내용으로 예방할 수 있는 산업 재해 유형은?

> • 회전 기계를 사용할 때, 면장갑을 착용하지 않는다.
> • 기계가 정지했는지 확인하고 정비 및 수리를 진행한다.

① 끼임　　　　② 넘어짐
③ 떨어짐　　　④ 무너짐

15 생활 속에서의 재해 예방법으로 옳지 <u>않은</u> 것은?

① 보행 중 스마트폰을 사용하지 않는다.
② 차에서 내릴 때는 먼저 좌우를 살핀다.
③ 작업하고 있는 사람과 대화를 통해 의사 전달을 한다.
④ 위험한 도구를 전달할 때는 손잡이 부분이 받는 사람에게 향하도록 한다.

16 ㉠, ㉡에 들어갈 말로 바르게 연결된 것은?

> (㉠)란 (㉡)가 원인이 되어 산업 현장에서 나타나는 인명이나 재산상의 손실을 말한다.

	㉠	㉡
①	사고	인재
②	사고	산업 재해
③	인재	사고
④	산업 재해	사고

PART 06

17 자동차 사고의 원인 중 운전자 부주의로 인한 사고가 <u>아닌</u> 것은?

① 과속 ② 날씨

③ 신호 위반 ④ 차선 위반

18 자동차 사고의 도로 환경 요인으로 옳은 것은?

① 졸음운전 ② 기상 상태

③ 음주 운전 ④ 운전 중 통화

19 자동차 사고 예방을 위한 올바른 이용과 대처 방법에 대한 설명으로 옳지 <u>않은</u> 것은?

① 규정 속도를 지킨다.

② 소방 도로에 주차하면 안 된다.

③ 졸음운전, 음주 운전은 하면 안 된다.

④ 운전 중 이상이 발견되면 도착지에 도착 후 점검하여 수리한다.

20 자동차 점검에 대한 설명으로 옳지 <u>않은</u> 것은?

① 차량 외관을 점검한다.

② 엔진룸 점검은 정기 점검에 해당한다.

③ 점화 플러그 및 배선은 정기 점검에 해당한다.

④ 계기판 및 각종 장치의 작동 상태는 일상 점검에 해당한다.

21 자동차의 올바른 관리 방법이 <u>아닌</u> 것은?

① 에어컨 필터는 보통 6개월 주기로 교환한다.

② 축전지의 점검 창의 색이 녹색이면 정상이다.

③ 냉각수와 브레이크액의 양과 상태를 점검하여 엔진 과열을 예방한다.

④ 타이어의 교체 시기는 모든 운전자가 동일하므로 일정 시기에 교체한다.

22 그림이 나타내는 자동차 경고등의 의미는?

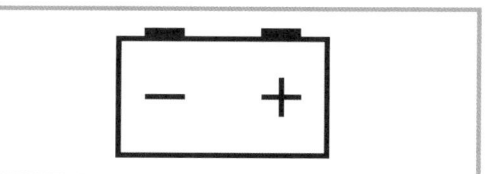

① 엔진 점검

② 배터리 점검

③ 문 열림 상태 점검

④ 타이어 공기압 점검

23 사고 현장에서의 올바른 대처 방법으로 옳지 <u>않은</u> 것은?

① 사고 현장에 정차할 때에는 비상 점멸등을 켠다.

② 각종 등화 장치를 활용하여 사고 현장을 표시한다.

③ 사고 현장의 앞뒤 10m 정도에 사고 표지를 반드시 설치한다.

④ 부상자를 확인하여 구조 요청 및 응급 의료 기관에 연락을 한다.

PART

07

실전모의고사

실전모의고사

제 **1** 회

정답 및 해설 p. 19

01 스턴버그의 7가지 사랑 유형의 설명으로 옳지 않은 것은?

① 열정만 있는 사랑은 얼빠진 사랑이다.
② 헌신만 있는 사랑은 공허한 사랑이다.
③ 친밀감과 헌신만 있는 사랑은 우애적 사랑이다.
④ 친밀감과 열정만 있는 사랑은 낭만적 사랑이다.

02 민주적 양육 행동을 바르게 설명한 것은?

① 규칙을 강요한다.
② 잘못된 행동을 허용한다.
③ 규율이 정해져 있지 않다.
④ 자녀의 건설적 행동을 지지해 준다.

03 다음 설명에 해당하는 미래 산업의 변화는?

> 사람과 사물뿐만 아니라 형체가 없는 과정이나 자료도 모두 고유 식별 부호를 가지게 되어 서로 정보를 유기적으로 전달할 것이다.

① 로봇
② 인공 지능
③ 생명 공학
④ 사물 인터넷

04 다음은 임신의 과정에 대한 설명이다. (가)~(다)에 들어갈 말을 바르게 짝지은 것은?

> 임신은 새로운 생명이 창조되는 과정이다. 여성의 난자와 남성의 정자가 만나 (가) 이 이루어지고, (나) 이/가 자궁벽에 (다) 하여 태아로 성장하는 전 과정을 말한다.

	(가)	(나)	(다)
①	수정	배란	착상
②	수정	수정란	착상
③	배란	난자	수정
④	배란	수정란	수정

05 신생아의 반사 행동에 대한 설명으로 옳은 것은?

① 걷기 반사 – 입에 닿는 모든 것을 빨려고 한다.
② 빨기 반사 – 손에 닿는 것은 무엇이든 움켜쥔다.
③ 모로 반사 – 발을 바닥에 닿게 하면 걷는 동작을 한다.
④ 바빈스키 반사 – 발바닥에 자극을 주면 발가락을 폈다가 오므린다.

06 지속 가능한 발전에 대한 설명으로 옳은 것은?

① 현재 세대만을 위한 발전을 말한다.

② 경제 성장과 자원 고갈은 관련이 없다.

③ 자연 재생을 고려하지 않는 발전을 말한다.

④ 지속적으로 살아갈 수 있는 발전을 의미한다.

07 우리나라 식생활 문화의 우수성을 바르게 설명한 것을 〈보기〉에서 모두 고른 것은?

┤ 보기 ├

ㄱ. 공경과 절제의 가치가 담겨 있다.

ㄴ. 이웃과 함께하는 나눔의 식생활이다.

ㄷ. 영양적으로 동물성 단백질 섭취가 우수한 식사이다.

① ㄱ

② ㄷ

③ ㄱ, ㄴ

④ ㄴ, ㄷ

08 태국의 대표 음식에 해당하는 것을 〈보기〉에서 고른 것은?

┤ 보기 ├

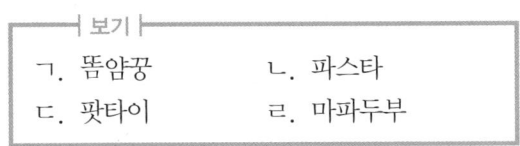

ㄱ. 똠얌꿍   ㄴ. 파스타

ㄷ. 팟타이   ㄹ. 마파두부

① ㄱ, ㄴ

② ㄱ, ㄷ

③ ㄴ, ㄹ

④ ㄷ, ㄹ

09 재무 설계를 할 때 가장 먼저 해야 하는 것은?

① 재무 목표 설정하기

② 재무 상태 평가하기

③ 계획 수립과 실행하기

④ 정기적 검토와 수정하기

10 노년기의 다양한 변화에 적응하기 위하여 자립적인 노후 생활을 준비해야 하는 까닭으로 볼 수 <u>없는</u> 것은?

① 쇠약해진 신체

② 사회적 역할 증대

③ 은퇴 후 소득 감소

④ 늘어나는 여가 시간

11 다음 설명의 (가), (나)에 적절한 것은?

구분	(가) 자동차	(나) 자동차
동력원	내연 기관, 전동기	전동기
특징	서로 다른 두 개의 동력원을 함께 사용	수소와 산소를 반응시켜 전기를 생산

　　　　　(가)　　　　　　　(나)
① 　　전기 　　　　　　하이브리드
② 　하이브리드 　　　수소 연료 전지
③ 수소 연료 전지 　　　　전기
④ 수소 연료 전지 　　　하이브리드

12 나노 기술의 활용에 해당하는 것은?

① 3차원 공간에서 재료를 쌓아 올려 제품을 제작한다.

② 생산 속도를 높인 로봇을 활용하여 공장을 자동화한다.

③ 미세 공정을 통해 정밀한 치수의 초소형 제품을 생산한다.

④ 공장에서 규격화된 형태로 제작한 구조물을 현장에서 조립하여 완성한다.

13 다음 그림과 같이 주탑 간의 거리가 매우 긴 교량을 만드는 데 적합한 교량 구조는?

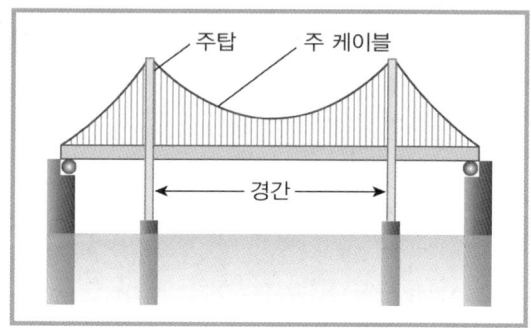

① 현수교　　　　② 사장교
③ 아치교　　　　④ 트러스교

14 다음 설명에 공통적으로 해당하는 생명 기술은?

- 우수한 동물의 세포에서 채취한 핵을 다른 동물에게 이식하여 우수한 품종을 대량으로 얻는 기술이다.
- 생물의 복제와 번식, 멸종 위기 생물의 보존 등에 사용된다.

① 핵 이식　　　　② 세포 융합
③ 조직 배양　　　④ 유전자 재조합

15 다음 물체를 정투상법으로 나타낼 때, 평면도가 나머지 셋과 <u>다른</u> 것은?

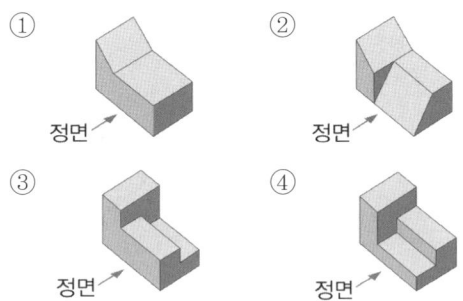

① 정면
② 정면
③ 정면
④ 정면

16 도면에서 ㉠에 해당하는 선은?

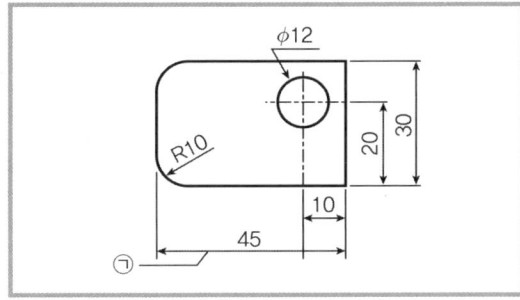

① 숨은선　　② 외형선
③ 중심선　　④ 치수선

17 다음 중 (가)에 들어갈 권리로 적절한 것은?

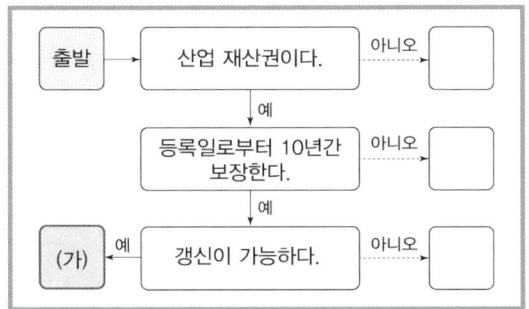

출발 → 산업 재산권이다. → 아니오 □
↓ 예
등록일로부터 10년간 보장한다. → 아니오 □
↓ 예
(가) ← 예 ← 갱신이 가능하다. → 아니오 □

① 상표권　　② 저작권
③ 특허권　　④ 실용신안권

18 다음 설명에 해당하는 것은?

〈창의적인 자동차 만들기〉

평가 기준 \ 아이디어	기능성	경제성	창의성	합계
A	8	9	6	23
B	9	10	10	29
C	6	7	5	18
D	9	6	7	22

여러 개의 아이디어를 미리 정해 놓은 기준에 따라 체계적으로 평가하여 최적의 아이디어를 선정하는 기법이다.

① PMI
② 스캠퍼
③ 평가 행렬법
④ 브레인스토밍

19 다음 중 적정 기술의 조건에 해당하는 것을 '✔'로 표시한 학생은?

조건 \ 학생	A	B	C	D
제작 비용이 커야 한다.		✔		✔
기술 이전이 쉬워야 한다.	✔		✔	
가능한 한 현지 재료를 사용해야 한다.	✔			✔
반드시 화석 에너지를 활용해야 한다.		✔	✔	

① A　　② B
③ C　　④ D

PART 07

20 자동차 사고의 원인 중 작동 미숙에 해당하는 것은?

① 끼어들기
② 불법 유턴
③ 전화하면서 운전
④ 돌발 상황에서 가속 페달을 밟음

21 메커트로닉스 기술과 연관성이 가장 높은 것은?

① 반도체
② 태양 전지
③ 친환경 도로포장
④ 자율 주행 자동차

22 확산적 사고 기법이 <u>아닌</u> 것은?

① PMI
② 스캠퍼
③ 마인드맵
④ 브레인스토밍

23 그래프에서 가장 큰 비중을 차지하는 산업 재해를 예방하는 방법으로 적절한 것은?

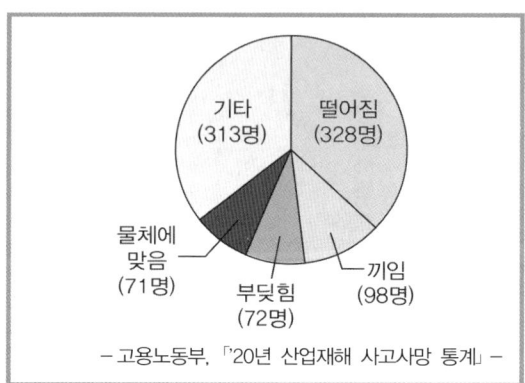

－ 고용노동부, 「20년 산업재해 사고사망 통계」 －

① 안전 난간과 보호망을 설치한다.
② 지게차 주변에 접근하지 않는다.
③ 작업 장소를 주기적으로 환기한다.
④ 기계 설비에 방호 장치를 설치한다.

24 다음 설명에 해당하는 것은?

> 인간의 두뇌와 같이 컴퓨터 스스로 추론, 학습, 판단할 수 있는 지적 능력을 가진 시스템이다.

① 그래핀
② 틸트로터
③ 인공 지능
④ 3D 프린터

25 실물보다 크게 그리는 척도에 해당하는 것은?

① 10 : 1
② 1 : 1
③ 1 : 50
④ 1 : 100

01 스턴버그의 7가지 사랑 유형 중 ㉠에 해당하는 것은?

> • 친밀감＋헌신 ＝ ㉠
> • 친밀감＋열정 ＝ 낭만적 사랑
> • 친밀감＋열정＋헌신 ＝ 성숙한 사랑

① 얼빠진 사랑   ② 우애적 사랑
③ 도취성 사랑   ④ 공허한 사랑

02 결혼을 위한 요건으로 옳은 것은?

① 남녀 모두 만 20세 이상이어야 한다.
② 신체적으로 성숙하고 건강해야 한다.
③ 미성년자는 서로의 합의만으로 결혼이 가능하다.
④ 부모의 도움을 받아 함께 가족을 부양할 수 있어야 한다.

03 태아의 발달 과정 중 외부 생식기가 발달하여 태아의 성별을 구분할 수 있는 시기는?

① 수정 직후   ② 2주
③ 3개월   ④ 5개월

04 다음과 같은 신체적 특징을 갖는 발달 단계는?

> • 간 기능의 미숙으로 황달 현상이 나타났다가 회복된다.
> • 두개골의 숫구멍이 완전히 닫혀 있지 않아 말랑말랑하다.
> • 머리둘레가 가슴둘레보다 크며, 머리의 크기는 신장의 1/4 정도이다.

① 신생아기   ② 영아기
③ 유아기   ④ 아동기

05 밑줄 친 ㉠의 예로 가장 적절한 것은?

> 우리나라는 ㉠ 약식 동원이라는 생각으로 식생활을 중요하게 생각하였다.

① 추석에는 토란국, 송편 등을 즐겼다.
② 계절에 나는 식품으로 제철 음식을 즐겼다.
③ 어패류를 젓갈로 만들어 더 오래 보존하여 먹었다.
④ 음식에 생강, 계피, 인삼과 같은 식재료를 사용하였다.

PART 07

06 한옥에서 경사각을 이용하여 일조와 채광을 조절한 것은?

① 마당   ② 창호

③ 처마   ④ 주춧돌

07 다음은 태아의 부속 기관이다. 그림의 A에 해당하는 내용으로 옳은 것은?

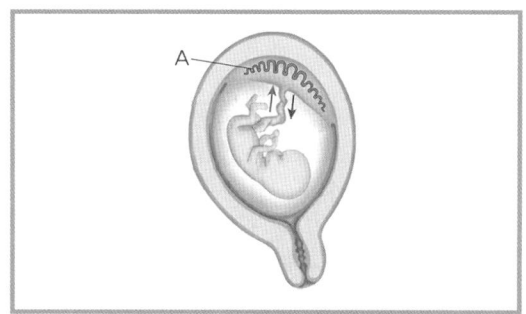

① 태아와 태반을 연결하는 끈이다.

② 외부의 충격으로부터 태아를 보호한다.

③ 태아를 둘러싸고 있는 얇은 보호막이다.

④ 태아에게 산소와 영양분을 공급하고 노폐물을 배출한다.

08 〈보기〉의 가계 재무 설계 과정을 순서대로 바르게 배열한 것은?

┤ 보기 ├

ㄱ. 계획 수립과 실행

ㄴ. 가계 재무 목표의 설정

ㄷ. 가계 재무 상태의 평가

ㄹ. 검토와 수정

① ㄱ → ㄴ → ㄷ → ㄹ

② ㄱ → ㄷ → ㄴ → ㄹ

③ ㄷ → ㄴ → ㄱ → ㄹ

④ ㄷ → ㄱ → ㄴ → ㄹ

09 축전지에 충전된 전기로 움직이다가 축전지가 방전되면 내연 기관을 사용하는 자동차는?

① 전기 자동차

② 하이브리드 자동차

③ 수소 연료 전지 자동차

④ 플러그인 하이브리드 자동차

10 다음 설명에 해당하는 것은?

- 모든 사물이 통신망으로 연결되어 사용자에게 다양한 서비스를 제공한다.
- 스마트폰을 이용해 보일러를 실시간으로 조작하여 집 안의 온도를 조절할 수 있다.

① 홀로그램   ② 나노 기술

③ 사물 인터넷   ④ 메커트로닉스

11 3D 프린팅의 특징이 <u>아닌</u> 것은?

① 기계 산업 분야의 대량 생산에 이용된다.

② 여러 가지 재료를 이용한 가공이 가능하다.

③ 적층 구조이기 때문에 표면이 매끄럽지 못하다.

④ 공장이 없어도 설계도만 있으면 집에서 손쉽게 만들 수 있다.

12 모듈러 하우스 건설 현장에서 이루어지는 과정을 〈보기〉에서 고른 것은?

보기
ㄱ. 조립 　　　　 ㄴ. 구조체 제작
ㄷ. 마감재 설치 　　 ㄹ. 디자인 설계

① ㄱ, ㄴ

② ㄱ, ㄷ

③ ㄴ, ㄷ

④ ㄷ, ㄹ

13 다음 중 가상 현실에 해당하는 것은?

① 카메라 영상 위에 별자리를 나타내는 서비스

② 3D 디스플레이 기술을 활용한 비행기 모의 훈련

③ 나의 신체 영상에 원하는 의복을 입혀 주는 서비스

④ 사진 위에 지리 정보를 나타내는 위치 기반 서비스

14 다음 설명에 해당하는 생명 기술은?

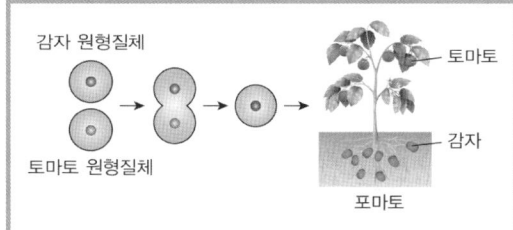

서로 다른 형질을 가진 생물체의 세포를 결합하여 두 생물체의 특성을 모두 가진 새로운 생물체를 만들 수 있다.

① 핵 이식

② 조직 배양

③ 세포 융합

④ 유전자 재조합

15 그림에서 ㉠ 'ϕ10'의 의미는?

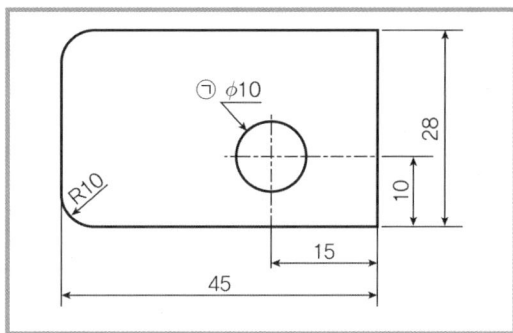

① 두께 – 10mm

② 지름 – 10mm

③ 반지름 – 10mm

④ 정사각형의 한 변 – 10mm

16 정투상법(제3각법)에서 표현하지 <u>않는</u> 것은?

① 배면도
② 정면도
③ 평면도
④ 우측면도

17 다음의 (가)와 (나)를 합한 것은?

- 특허권은 새로운 것을 발명한 것에 대해 핵심 기술을 보장하는 권리이며, 존속 기간은 출원일로부터 (가) 이다.
- 디자인권은 물품의 형상, 모양, 색채에 대한 권리이며, 존속 기간은 출원일로부터 (나) 이다.

① 30년
② 40년
③ 50년
④ 60년

18 다음에서 설명하는 발명 기법은?

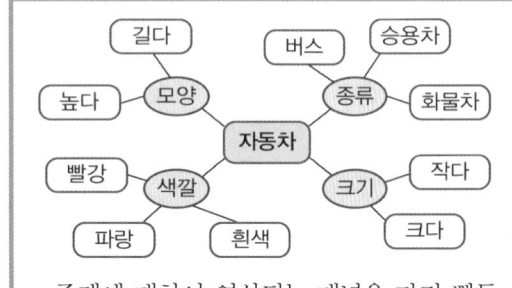

주제에 대하여 연상되는 개념을 가지 뻗듯이 작성하는 확산적 사고 기법이다.

① 스케치
② 마인드맵
③ 제거하기
④ 축소하기

19 지속 가능한 개발의 목표로 적절한 것을 〈보기〉에서 고른 것은?

┤보기├
ㄱ. 빈곤 퇴치
ㄴ. 사회 불평등 해소
ㄷ. 화석 에너지 공급
ㄹ. 국가 간 분쟁 유도

① ㄱ, ㄴ
② ㄱ, ㄷ
③ ㄴ, ㄹ
④ ㄷ, ㄹ

20 다음 설명에 해당하는 사례로 옳은 것을 〈보기〉에서 고른 것은?

적정 기술이란 첨단 기술과는 거리가 먼 환경에서 적은 비용으로도 지속적인 생산과 소비가 가능하도록 만들어진 기술이다.

┤보기├
ㄱ. Q드럼
ㄴ. 나노 로봇
ㄷ. 라이프스트로
ㄹ. 극초음속 비행기

① ㄱ, ㄷ
② ㄱ, ㄹ
③ ㄴ, ㄷ
④ ㄴ, ㄹ

21 수렴적 사고 기법이 <u>아닌</u> 것은?

① PMI
② 하이라이팅
③ 평가 행렬법
④ 브레인스토밍

22 다음 그림에서 설명하는 선은 무엇인가?

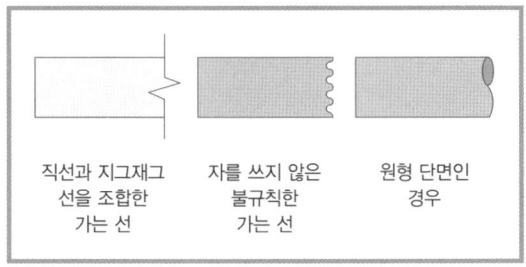

| 직선과 지그재그 선을 조합한 가는 선 | 자를 쓰지 않은 불규칙한 가는 선 | 원형 단면인 경우 |

① 중심선　　② 지시선
③ 치수선　　④ 파단선

23 그림의 자동차 경고등은?

① 엔진 경고등
② 배터리 경고등
③ 타이어 공기압 경고등
④ 주차 브레이크 경고등

24 정보 통신 기술의 발달이 사회에 미치는 부정적인 영향은?

① 다양한 정보를 함께 공유한다.
② 빠르고 편안한 여행을 할 수 있다.
③ 인간의 사생활 침해가 증가하고 있다.
④ 다양한 제품의 활용으로 생활이 편리해졌다.

25 다음 설명에 해당하는 표준화의 목적은?

> 플라스틱 병뚜껑은 크기를 표준화하여 모든 플라스틱병에 맞게 생산되고 있다.

① 가소성　　② 장기성
③ 혁신성　　④ 호환성

검스타트 검정고시

고졸 기술·가정

2026 최신판

정답 및 해설

정답 및 해설

PART 01 인간 발달과 가족

기출 및 적중예상문제
p.14~19

01	①	02	②	03	③	04	④	05	①
06	④	07	①	08	②	09	③	10	③
11	①	12	②	13	②	14	③	15	④
16	②	17	②	18	②	19	④	20	④
21	④	22	②	23	②	24	③	25	③
26	①	27	②	28	①	29	④	30	②

01 정답 ①
스턴버그는 친밀감, 열정, 헌신을 사랑의 구성 요소로 보았다.
사랑의 7가지 형태로는 성숙한 사랑, 좋아함, 도취성 사랑, 공허한 사랑, 낭만적 사랑, 우애적 사랑, 얼빠진 사랑을 제시하였다.

02 정답 ②
(가)는 열정이다.
열정만 있는 사랑 유형을 도취성 사랑이라 한다. 친밀감만 있는 사랑 유형은 '좋아함'이라 하고, 헌신만 있는 사랑 유형은 '공허한 사랑'이라 한다. 친밀감과 열정, 헌신이 있는 사랑이 성숙한 사랑이다.

> **오답피하기**
> ① **낭만적 사랑** : 친밀감과 열정만 있는 사랑이다.
> ③ **얼빠진 사랑** : 열정과 헌신만 있는 사랑이다.
> ④ **우애적 사랑** : 친밀감과 헌신만 있는 사랑이다.

03 정답 ③
우애적 사랑(친밀감+헌신)은 오래된 우정 같은 결혼에서 발견된다. 대부분 낭만적 사랑은 우애적 사랑으로 변한다.

04 정답 ④
우리나라는 법률혼주의로 법률상의 절차에 따라 혼인 의사를 표시함으로써 성립되는 혼인주의이다.

05 정답 ①
우드리(Udry, R.)의 배우자 선택 여과망 이론은 근접성 여과망, 매력 여과망, 사회적 배경 여과망, 의견 일치 여과망, 상호 보완성 여과망, 결혼 준비 상태 여과망을 통해 배우자 선택 과정을 설명한다. 제시된 내용은 매력 여과망에 해당한다.

06 정답 ④
우리나라 결혼의 법적 요건은 당사자 간에 혼인 의사가 있어야 하며, 혼인 신고를 해야 한다. 남녀 모두 만 18세 이상이어야 하며, 미성년자는 부모나 후견인의 동의를 얻어야 한다. 일부일처제로 중혼을 금지하며 사촌 간을 포함하는 근친혼을 금지한다.

07 정답 ①
부모의 민주적 양육 태도는 자녀에게 온정적이며 허용적이면서 적절한 자율성을 인정하여 자녀가 스스로 선택할 수 있는 범위 안에서 스스로 결정할 수 있도록 돕는다.

> **오답피하기**
> ② **방임적 양육 태도** : 자녀의 의견에 대한 수용이나 통제는 없고 최소한의 관심만을 보인다.
> ④ **권위주의적 양육 태도** : 자녀에게 지나친 억압과 간섭을 하면서 자녀의 요구에는 관심이 없다.

08 정답 ②

방임형 양육 태도는 자녀에게 무관심하고 통제를 거의 하지 않는다. 자녀는 자신의 행동을 잘 통제하지 못하는 문제 행동을 보인다.

오답피하기

ㄴ·ㄹ. 권위적 양육 태도이다. 규칙을 엄격히 강요하고 자녀의 욕구와 의견을 고려하지 않는다. 자녀는 수동적·적대적 행동을 보이며, 스트레스를 받기 쉽고 기분의 변화가 심하다.

09 정답 ③

제시된 내용은 정관 수술에 대한 설명이다.

오답피하기

① 루프는 여성의 자궁에 장치를 넣어 수정란의 착상을 막는 방법이다.

10 정답 ③

ㄱ. 여성의 생식 기관의 하나로 질이다. 질은 자궁과 외부를 연결하는 통로이다. 산성을 유지함으로써 외부로부터 세균이 침입하는 것을 막는다.

ㄴ. 여성의 생식 기관의 하나로 자궁이다. 자궁은 태아가 출생할 때까지 자라는 곳이다.

ㄷ. 수란관으로 자궁과 난소를 연결하는 가늘고 긴 관이다. 배란된 난자를 자궁으로 수송하는 기관으로 수정이 일어나는 장소이다.

11 정답 ①

인공 수정은 정상적인 부부 관계가 아니라 부인의 배란기에 맞추어 남편의 정액을 부인의 질, 자궁 경관, 난관 또는 자궁 내에 넣어서 임신을 유도하는 방법을 말한다.

오답피하기

② 기초 체온법 : 체온의 변화를 통해 피임 기간을 파악하는 방법이다.

③ 라마즈 분만 : 출산의 고통을 최대한으로 줄여서 아기를 낳으려는 정신 예방적 분만법이다.

④ 르봐이예 분만 : 탄생 순간 아기의 스트레스를 최소로 하여 세상 환경의 충격으로부터 보호되고 적응될 수 있도록 주위 환경을 조성시켜 주는 분만법이다.

12 정답 ②

배아기는 세포 분열이 급속히 이루어지며, 신체 기관이 형성된다.

13 정답 ②

양수는 태아를 둘러싸고 있는 양막 안에 차 있는 액체로, 태아를 보호하는 역할을 한다. 태아는 양막이라고 하는 얇은 막에 둘러싸여 있는데, 양막 안에는 양수가 차 있으며 이 양수 속에 떠서 자라게 된다.

14 정답 ③

오답피하기

① 탯줄 : 태아와 태반을 연결하는 관이다.

② 태반 : 산소와 영양분을 공급하고, 유해 물질이 태아에 들어가지 못하게 막아 준다.

④ 양수 : 외부의 충격으로부터 태아를 보호하며, 태아의 활동과 체온 조절을 돕고, 출산 시 산도를 부드럽게 한다.

15 정답 ④

(가) 분만 전 난막의 일부가 떨어져 나오면서 생기는 혈액이 섞인 분비물을 이슬이라 한다.

(나) 출산 후 자궁과 산도에 상처가 생겨 섞여 나오는 분비물을 오로라고 한다.

① 양막은 태아를 둘러싸고 있는 얇은 막이다. 양수는 양막 안에 차 있는 액체로, 태아를 보호하는 역할을 한다.

③ 태반은 태아와 모체의 자궁벽을 연결하여 영양 공급, 가스 교환, 노폐물 배출 등의 기능을 담당하는 기관이다.

16 정답 ②

출산 과정은 개구기 → 만출기 → 후산기이다.

- 개구기는 진통이 규칙적으로 시작되면서부터 태아가 나올 만큼 자궁 입구가 열릴 때까지의 시기이다.
- 만출기는 자궁 입구가 완전히 열려 태아가 모체 밖으로 나오는 시기로, 진통이 1~2분 간격으로 오며 통증이 가장 심하다.
- 후산기는 태아가 나온 후 태반과 탯줄, 양막이 나오는 시기이다.

17 정답 ②

분만 제2기의 만출기는 자궁 입구가 완전히 열려 태아가 모체 밖으로 나오는 시기로, 진통이 1~2분 간격으로 오며 통증이 가장 심하다.

18 정답 ②

산욕기는 출산 후 산모의 몸이 임신 전의 상태로 회복되기까지의 기간으로, 보통 6~8주 정도 걸린다.

① 개구기 : 진통이 규칙적으로 시작되면서부터 태아가 나올 만큼 자궁 입구가 열릴 때까지의 시기이다.

③ 태아기 : 난자와 정자의 결합으로 생기는 수정란에서부터 출산까지의 266일(38주)의 태내기 기간 중 수정 후 8주에서 출산 전까지의 시기를 말한다.

④ 후산기 : 태아가 나온 후 태반과 탯줄, 양막이 나오는 시기이다.

19 정답 ④

출산 과정 중 개구기는 진통이 규칙적으로 시작되면서부터 태아가 나올 만큼 자궁 입구가 열릴 때까지의 시기이다. 태아가 나온 후 태반과 탯줄, 양막이 나오는 시기는 후산기이다.

20 정답 ③

신생아의 신체적 특징으로 피부는 쭈글쭈글하고 붉은색을 띠며 태지로 덮여 있다. 성인보다 맥박과 호흡이 빠르고 체온이 1℃ 정도 높다. 신생아의 생리적 특징으로 황달, 태변 배설로 인한 체중 감소 현상이 나타난다.

21 정답 ④

발바닥을 살짝 긁으면 발가락을 폈다가 오므리는 것은 바빈스키 반사이다.

신생아의 반사 행동으로는 입에 닿는 모든 것을 빨려고 하는 빨기 반사, 발을 바닥에 닿게 하면 걷는 동작을 하는 걷기 반사, 놀라면 팔을 활 모양으로 폈다가 오므리는 모로 반사, 손에 닿는 것은 무엇이든 움켜쥐는 잡기 반사 등이 있다.

22 정답 ②

신생아의 반사 행동 중 놀라면 양팔과 다리를 벌렸다가 금방 몸 안쪽으로 오므리는 반응의 반사는 모로 반사에 해당한다.

23 정답 ②

탯줄은 모체와 태아의 물질 교환이 일어나는 기관이다. 신생아의 탯줄은 생후 1~2주 동안 말라서 저절로 떨어진다.

① 수정 후 8주에서 출산 전까지 시기를 태아기라 한다.

③ 만 2~6세까지의 시기를 유아기라 한다.

④ 만 6~12세까지로 초등학교에 다니는 시기이다.

24 정답 ③

신생아의 생리적 특징은 황달, 태변 배설, 체중 감소 현상이 일어난다.

오답피하기

① 아동기에 젖니가 빠진 다음 영구치로 교체된다.
② 보존 개념은 아동기의 특징으로 어떤 수·양·길이·면적·부피 등의 차례나 모양이 바뀌어도 그 특질을 유지한다는 것을 이해하는 능력이다.

25 정답 ③

영아기는 출생 후 4주~24개월까지의 시기로, 신체적·인지적·사회 정서적 측면에서 가장 많은 발달이 이루어진다.

오답피하기

① 2차 성징이란 11세 정도에 신체 발달과 함께 나타나는 남자, 여자의 성적 특징이다.
② 보존 개념은 6세 이상의 아이들이 획득한다.
④ 영구치는 생후 6년 후부터 나기 시작한다.

26 정답 ①

모로 반사는 신생아기에 처음 나타난다.

27 정답 ②

유아기에는 사용하는 단어 수가 급증하고, 문장으로 말할 수 있다. 또한 상대방의 나이를 고려하여 말할 수 있고 어른과 다른 유아만의 독특한 언어를 사용한다.

28 정답 ①

유아기에 나타나는 사고의 특징으로 물활론적 사고란 모든 사물에 생명이 있다고 생각하는 것이다.

29 정답 ④

아동기에 보존 개념을 획득하여 물체나 물질 등의 차례나 모양이 바뀌어도 그 특질을 유지한다는 것을 이해한다.

30 정답 ②

부부 관계는 수평적이며 서로 존중하는 자세를 가져야 건강한 가족 문화를 형성할 수 있다.

PART 02 가정생활과 안전

기출 및 적중예상문제   p.31~35

01	③	02	①	03	③	04	③	05	④
06	③	07	③	08	③	09	④	10	③
11	①	12	②	13	②	14	①	15	①
16	②	17	②	18	②	19	①	20	④
21	④	22	④	23	④	24	②	25	③

01 정답 ③

간장, 된장, 청국장 등의 장류는 콩으로 만든 대표적인 발효 식품으로 발효 과정에서 생긴 유익한 물질이 뇌 기능을 향상하고, 혈관 질환과 골다공증을 예방하며, 항암 효과가 있다.

02 정답 ①

약과 음식의 근본은 같다는 약식 동원(藥食同源)이 한식의 특징이다. 한식에서는 약리 작용을 하는 생강, 계피, 쑥, 당귀, 오미자, 구기자, 인삼 등의 식재료를 사용한다.

03 정답 ③

절식은 명절에 따라 차려서 먹는 음식이다. 설날에는 떡국을 먹고 추석에는 송편을 먹는다. 정월 대보름에는 호두, 땅콩, 잣 등의 견과류인 부럼을 먹는다.

오답피하기

ㄴ. **쑥국** : 봄철 대표 음식으로 봄에 새로 돋아나는 쑥을 이용한다.

04 정답 ③

동지는 24절기의 하나로 일 년 중 낮이 가장 짧고 밤이 가장 길다. 동지 관련 음식은 팥죽이다.

오답피하기

① **떡국** : 설날에 먹는 음식이다.
② **송편** : 한국의 전통 떡 중 하나로 추석 때 먹는 풍속이 있다.
④ **삼계탕** : 여름철 땀을 많이 흘려 체내의 부족한 기운과 잃었던 입맛을 돋워 주는 음식이다.

05 정답 ④

멕시코는 옥수수로 만든 토르티야와 옥수수 음료인 아톨레를 주로 먹는다.
고추, 파, 마늘을 사용하여 자극적이고 매콤한 맛을 내며 다양한 향신료를 사용한다.

06 정답 ③

제시된 식생활을 가진 나라는 태국이다. 태국의 대표 음식으로는 똠얌꿍이 있으며, 쌀을 주식으로 한다.

07 정답 ③

제시된 내용은 일본과 관련된 설명이다.
다다미는 일본에서 사용되는 전통식 바닥재를 말한다.
일본은 생선을 많이 섭취하며, 전통 음식 중 하나로 콩을 발효시켜 먹는 낫토가 있다.
기모노는 일본 여성이 입는 전통 의복이다.

오답피하기

① **판초** : 남미 지역의 전통 의상으로 천 중앙에 뚫린 구멍으로 머리를 내어 어깨에 늘어지도록 입는 망토의 일종이다.
④ **치파오** : 중국의 전통 의상으로 보통 원피스 형태의 여성 의복을 지칭한다.

08 정답 ③

한복은 주로 직선을 사용하여 평면적인 형태로 마름질한다. 품이 넉넉하여 어떤 체형이든 구애받지 않고 입을 수 있다. 곡선과 직선이 조화를 이루며, 한복을 입고 움직일 때 나타나는 선의 흐름이 단아하고 아름답다. 남성의 상의는 저고리이고, 하의는 바지 형태이다.

09 정답 ④

한복은 상하의 분리가 되어 있고 앞을 여미는 구성으로 옷의 착용이 편리하다.

10 정답 ③

아오자이는 베트남 여성의 전통 의상이다. 야자나무 잎으로 만든 모자(논)를 주로 쓴다.

11 정답 ①

사리는 인도 여성의 전통 의상이다. 힌두교의 풍습으로 바느질하지 않은 의상이며, 신분 제도에 따른 계급을 표시하기도 한다.

12 정답 ②

처마는 기둥 밖으로 나와 있는 지붕의 일부로 여름의 뜨거운 햇빛을 막아 주고, 겨울에는 실내 깊숙이 햇빛이 들어오게 한다.

13 정답 ②

대청은 마루 중에서 넓은 마루라는 의미이다. 대청은 앞뒤가 트여 있어 바람이 잘 통한다.

오답피하기

① **기단** : 건축물의 터를 반듯하게 다듬은 다음에 터보다 한 층 높게 쌓은 단이다.
③ **온돌** : 바닥에 구들을 깔고 불을 지펴 돌을 달구는 우리나라의 고유한 난방 장치이다.
④ **처마** : 기둥 밖으로 나와 있는 지붕의 일부이다.

14 정답 ①

한옥의 난방은 아궁이에 불을 때면 열기가 방바닥의 구들을 데우고 굴뚝을 통해 연기가 빠져나간다. 구들을 데우면서 발산되는 원적외선이 체온을 올려 준다.

> **오답피하기**
> ③ 적절한 처마의 길이와 경사각으로 여름의 뜨거운 햇빛을 막아 주고, 겨울에는 실내 깊숙이 햇빛이 들어오게 한다.
> ④ 태양열이 마당을 데워 뜨거워진 공기가 위로 올라가면 마루 뒤에서 시원한 바람이 불어 통풍이 잘된다.

15 정답 ①

기후에 따라 가옥 구조가 다르며 강수량이 많은 지역은 지붕의 경사가 급하고, 강수량이 적은 지역은 지붕이 평평한 것이 특징이다.
① 이동식 가옥인 게르는 유목을 하는 건조 기후(초원)에서 나타난다.

16 정답 ②

주식으로는 곡류를, 부식으로는 채소류, 육류, 어패류 등 다양한 식품을 섭취한다. 육류보다 채소의 이용이 많아 영양적으로 균형 잡힌 식생활을 한다.

17 정답 ②

생애 주기별로 발생할 수 있는 생활 안전사고와 신변 안전사고의 원인과 영향을 분석하여 예방 및 대처 방법을 수립할 수 있다.

18 정답 ②

12개월 미만의 영아가 수면 중 갑작스럽게 사망하였으나 의학적 원인을 특정할 수 없는 경우를 영아돌연사증후군이라 한다. 12개월 미만의 아기를 엎드려 재운다면 영아돌연사증후군 위험이 있다.

19 정답 ①

성인이 되어도 아동 학대의 피해 경험이 전반적인 삶에 영향을 주며, 이러한 학대 경험이 대물림될 수 있다.

20 정답 ④

가족원의 요구에 무조건 맞추는 것은 올바른 예방법이 아니다. 가정 폭력이 더 일어날 수 있다.

21 정답 ④

옷을 갈아입거나 목욕을 하지 말고 24시간 이내 병원 진료를 받는다.

22 정답 ④

노년기에 대한 설명이다. 노년기는 신체 기능 저하와 수입 감소로 인한 열악한 주거 환경으로 인해 사고 위험에 노출되어 있다.

23 정답 ④

회복 탄력성은 어려움을 도약의 발판으로 삼아 새로운 변화의 기회로 받아들이는 반응과 태도이다.

> **오답피하기**
> ③ 트라우마 : 과거 경험했던 위기나 공포와 비슷한 일이 발생했을 때, 당시의 감정을 다시 느끼면서 심리적 불안을 겪는 증상이다.

24 정답 ②

친한 친구나 친지는 가족의 회복 탄력성을 높이는 데 기여할 수 있다.

25 정답 ③

'너 전달법'은 '나'를 주어로 하여 자신의 생각과 감정을 솔직하게 표현하는 의사소통 방식이다. '너 전달법'은 갈등 상황에서 해결에 큰 도움을 주지 못하는 경우가 많다.

기출 및 적중예상문제
p.45~48

01	④	02	④	03	①	04	③	05	④
06	④	07	③	08	②	09	③	10	②
11	①	12	④	13	④	14	③	15	②
16	④	17	④	18	①	19	③	20	②
21	①	22	③								

01 정답 ④
제시된 내용은 가정생활 복지 서비스에 대한 설명이다. 전통사회와 달리 가족 스스로의 힘으로 가정생활의 다양한 복지 요구 해결이 어려워 사회적 차원의 가정생활 복지 서비스가 확대되고 있다.

02 정답 ④
맞벌이 가정 증가로 가족 스스로의 힘으로 가정생활의 다양한 복지 요구 해결이 어려워 사회적 차원의 가정생활 복지 서비스가 확대되고 있다.

03 정답 ①
보육료는 0~5세 영유아를 어린이집 등에 보낼 때 받는다.

오답피하기
② **실손 보험** : 사고가 발생하였을 때 실제로 부담한 의료비를 보상해 주는 보험이다.
③ **주거 급여** : 저소득층의 주거 안정을 도모하기 위해 정부가 대상 가구에 매월 지급하는 돈이다.
④ **가정 양육 수당** : 어린이집 및 유치원을 이용하지 않는 아동에 대한 부모의 양육 비용 부담을 줄이기 위해 실시하는 제도이다.

04 정답 ③
영구 임대 주택 공급, 건강가정지원센터 운영, 통합 문화 이용권 지원, 고용복지플러스센터 운영, 생애 전환기 건강 검진 지원 등은 중·장년기의 복지 서비스에 해당한다.

05 정답 ④
다문화 가정의 어려움을 해결하기 위해서는 취업 연계 프로그램, 문화 이해 및 한국어 교육 지원, 외국인 근로자 의료 지원 등이 있다.
④ 생활 가사 도우미 지원은 한 부모 가족을 위한 복지 서비스로 보는 것이 적절하다.

06 정답 ④
사회적·환경적인 측면을 고려하여 지속 가능한 방식으로 현재 세대와 미래 세대의 재화와 서비스에 대한 욕구를 충족시키는 것을 지속 가능한 소비라 한다.

07 정답 ③
지속 가능한 소비는 미래 세대의 재화와 서비스를 충족시키는 것으로 자연 보호를 하여 생태계의 파괴를 줄일 수 있다.

08 정답 ②
㉠ **매스 기빙** : 소비자가 물건을 사면 그 수익금이 기부금으로 연결되는 구조를 취하는 소비 형태이다. 대중이 소비를 통해 사회 기부에 참여하는 한 방법이다.
㉡ **푸드 뱅크** : 기부 식품 및 생활용품을 결식 위기에 놓인 이용자 또는 시설·단체에 직접 전달하는 곳이다.

09 정답 ③
로컬 소비는 지역에서 생산된 제품과 서비스를 소비하여 지역 경제 활성화를 돕고 온실가스 배출을 줄일 수 있다.

오답피하기
① **공정 무역** : 제3세계의 저임금 노동과 아동 노동 문제 등을 해결하기 위한 운동으로, 무역 거래에서 불평등을 해소하고 생산 과정에서 환경을 파괴하지 않는 새로운 형태의 대안 무역이다.
② **과시 소비** : 자신의 부를 과시하기 위한 소비를 말한다.
④ **충동 소비** : 여러 자극에 의해 즉석으로 구매를 결정하는 비계획적인 소비이다.

10 정답 ②

소득의 범위를 고려하여 저축과 소비를 합리적으로 설계하고, 은퇴 후의 노후 생활까지 고려하여 전반적인 인생의 재무 관리 계획을 세우는 것을 가계 재무 설계라 한다.

11 정답 ①

오답피하기

② 주식 : 주식회사의 자본을 구성하는 단위로, 주식의 거래를 통해 수익이나 손실을 얻을 수 있다.

③ 펀드 : 투자 전문 기관이 일반인들로부터 돈을 모아 증권 투자를 하고 여기서 올린 수익을 다시 투자자에게 나눠 주는 상품이다.

④ 연금 : 노후를 대비하여 저축하는 금융 상품으로, 노후에 장기간에 걸쳐 지속적으로 일정한 금액을 받을 수 있다.

12 정답 ④

자산 관리 요소로 수익성, 안전성, 환금성이 있다.

㉠ 원금과 이자가 보전되는 것을 안전성이라 한다. 안전성이 높은 자산은 예금이 대표적이다.

㉡ 돈이 필요할 때 손해 없이 현금화할 수 있는 것을 환금성이라 한다. 환금성이 낮은 자산은 부동산이다.

오답피하기

금융 상품의 가격 상승이나 이자 수익을 기대할 수 있는 정도를 수익성이라 한다.

13 정답 ④

미래는 예측하기 어렵기 때문에 불확실한 미래를 대비하기 위해 가계 재무 설계가 필요하다.

14 정답 ③

가계 재무 설계 과정은 ㄴ. 가계 재무 상태의 평가 → ㄱ. 가계 재무 목표의 설정 → ㄷ. 계획의 수립과 실행 → ㄹ. 검토와 수정의 순서이다.

15 정답 ②

목표 금액에 달성하는 방법과 금융 상품의 종류 등을 구체적으로 계획하고 실행하는 단계는 계획의 수립과 실행 단계이다.

16 정답 ④

가계 재무 설계 과정은 가계 재무 상태의 평가 → 가계 재무 목표의 설정 → 계획의 수립과 실행 → 검토와 수정 순서를 거친다.

가계 재무 상태의 평가 단계에서는 가계의 수입, 지출, 자산, 부채, 가입한 금융 상품의 정보로 재무 상태를 평가한다.

오답피하기

①·② 계획의 수립과 실행 단계에서는 목표 금액에 달성하는 방법과 금융 상품의 종류 등을 구체적으로 계획하고 실행한다.

③ 가계 재무의 목표 설정 단계에서는 개인과 가족의 생애 주기에 맞추어 재무 목표의 우선순위와 기간별 재무 목표를 설정한다.

17 정답 ④

노후기는 손자녀와 좋은 관계 유지, 자신의 죽음과 배우자의 죽음을 대비하는 단계이다. 은퇴 후 수입이 감소하며, 의료비 지출이 증가하는 것에 대비가 필요하다.

18 정답 ①

노후기에 은퇴 후 수입이 감소하지만 의료비 지출은 증가한다. 때문에 안정적인 자산 관리가 필요하다.

① 자녀 교육기 시기에 자녀 교육비, 노후 생활 자금 마련을 위해 가계 지출 증가를 대비해야 한다.

19 정답 ③

노년기에는 체수분 감소와 근육 위축으로 체중이 감소하며, 골밀도가 저하되어 작은 충격에도 골절 사고가 잘 발생한다.

20 정답 ②

제시된 내용은 기초 연금 제도로 노인에게 기초 연금을 지급하여 안정적인 소득 기반을 제공함으로써 노인의 생활 안정 지원 및 복리 증진에 기여한다.

오답피하기

① 국민연금 제도 : 나이가 들어 생업에 종사할 수 없게 되는 경우에 대비해 의무적으로 보험료를 납부하고, 노령·장애·사망 시 본인이나 유족에게 연금을 지급하는 사회 보장 제도이다.

③ 주택 연금 제도 : 주택 소유자가 집을 담보로 제공하고, 내 집에 계속 살면서 평생 동안 매월 연금을 받을 수 있도록 국가가 보증하는 제도이다.

④ 퇴직 연금 제도 : 기업이 근로자가 재직하는 동안 퇴직금을 적립하여 근로자가 퇴직할 때 연금 또는 일시금으로 지급하는 제도이다.

21 정답 ①

국민연금은 정부가 직접 운영하는 공적 연금 제도로, 개개인이 소득 활동을 할 때 납부한 보험료를 기반으로 소득 활동이 중단된 경우 본인이나 유족에게 연금을 지급하는 제도이다.

오답피하기

② 건강 보험은 고액의 진료비로 부담이 되는 것을 방지하기 위하여 국민들이 평소에 보험료를 내고 필요시 보험급여를 제공함으로써 의료 서비스를 받을 수 있도록 하는 사회 보장 제도이다.

22 정답 ③

A는 퇴직 연금이다. 기업이 근로자의 퇴직금을 외부 금융 기관에 적립하여 근로자가 퇴직할 때 연금 또는 일시금으로 지급하는 제도이다.

B는 주택 연금이다. 주택을 담보로 맡기고 평생 혹은 일정 기간 매달 노후 생활 자금을 받는 금융 상품이다.

PART 04 기술 혁신과 발명 · 표준

기출 및 적중예상문제
p.59~63

01	①	02	①	03	④	04	③	05	②
06	③	07	③	08	③	09	②	10	④
11	①	12	②	13	①	14	①	15	③
16	②	17	②	18	②	19	②	20	②
21	①	22	④	23	④	24	②	25	①

01 정답 ①

제시된 설명은 문제 인식 단계이다.

02 정답 ①

창의 공학 설계 과정은 다음과 같다.
문제 인식 → 아이디어 창출 → 아이디어 선정 → 아이디어 구체화 → 실행하기 → 평가하기

03 정답 ④

제시된 설명은 브레인스토밍에 해당한다.

오답피하기

① 스캠퍼(SCAMPER) : 대치하기, 혼합하기, 적용하기, 수정하기, 다른 용도로 사용하기, 제거하기, 재배열하기 등과 같은 항목을 제시하여 다양한 아이디어를 발상하도록 하는 방법이다.

② 마인드맵 : 중심 주제로부터 아이디어를 확장하는 방법이다.

③ 평가 행렬법 : 아이디어를 창의성, 실용성, 경제성, 제작 가능성 등 미리 정해 놓은 기준에 따라 체계적으로 평가하는 방법이다.

04 정답 ③

스캠퍼(SCAMPER)는 기존의 아이디어를 다른 것으로 대체하거나 결합, 응용, 변형 등의 7가지 유형에 따라 새로운 아이디어를 만들어 내는 기법이다.

① ALU : 강점(Advantage), 약점(Limitation), 독특한 특징(Unique Qualities)의 첫 단어로 만든 기본적인 수렴적 사고 기법이다.
② PMI : 제안된 아이디어의 장점(Plus), 단점(Minus), 흥미로운 점(Interesting)을 따져 본 후 그 아이디어를 평가하는 기법이다.

05 정답 ②

스캠퍼(SCAMPER)는 대치하기(Substitute), 다른 것을 결합하거나 혼합하기(Combine), 다른 상황이나 분야에 적용하기(Adapt), 수정하기(Modify), 다른 용도로 사용하기(Put to other use), 제거하기(Eliminate), 재배열하기(Rearrange) 등과 같은 항목을 제시하여 다양한 아이디어를 발상하도록 하는 방법이다.

① ALU : 수렴적 사고 기법 중 하나이다. 다양한 아이디어를 강점(Advantage), 약점(Limitation), 독특한 특징(Unique Qualities)으로 나누어 살펴보고 최선의 아이디어를 결정하는 기법이다.
③ 평가 행렬법 : 아이디어를 창의성, 실용성, 경제성, 제작 가능성 등 미리 정해 놓은 기준에 따라 체계적으로 평가하는 방법이다.
④ 역 브레인스토밍 : 구상한 아이디어를 실제로 제작하거나 적용했을 때에 발생하는 문제점이나 단점을 미리 생각해 보는 방법이다.

06 정답 ③

정투상법은 물체의 각 면을 투상면에 나란히 놓고 투상하는 방법이다. 한국 산업 표준에는 제3각법으로 그리는 것을 원칙으로 하고 있다.

07 정답 ③

제3각법은 가장 많이 사용하는 투영법의 하나로 물체를 제3면각에 두고 투영한 제도 방식이다. 제3각법의 투상도는 평면도, 정면도, 우측면도를 표현한다.

08 정답 ③

우측면도는 물체의 정면을 기준으로 우측에서 본 모양을 나타낸 그림이다. 물체의 보이지 않는 부분은 파선(숨은선)으로 나타낸다.

09 정답 ②

평면도는 물체의 정면을 기준으로 위에서 본 모양을 나타낸 그림이다.

10 정답 ④

등각 투상법은 투상법 중 $120°$의 각을 이루는 3개의 축을 기본으로 하며, 이 축에 물체의 높이, 너비, 안쪽 길이를 옮겨서 물체를 입체적으로 나타내는 방법이다.

11 정답 ①

ϕ는 지름을 나타내며, t는 판의 두께를 나타낸다.
R은 반지름이다.

12 정답 ②

정사각형의 변을 표현할 때 사용하는 치수 보조 기호는 □이다.

13 정답 ③

(가) 파단선은 부분 생략 또는 부분 단면의 경계를 나타내는 선이다.
(나) 숨은선은 물체의 보이지 않는 부분을 나타내는 선이다.

14 정답 ③

길이를 나타내는 치수의 단위는 밀리미터(mm)를 사용하며 파단선, 지시선, 해칭선, 치수선, 치수 보조선, 외형선은 실선을 사용한다.

ㄱ. 도면에 숫자만 기입하고 단위는 기입하지 않는다.
ㄹ. 숨은선이 굵은 파선을 사용한다.

15 정답 ③
지식 재산에 대한 설명이다. 지식 재산권은 인간의 창작물을 보호하기 위하여 부여하는 권리로, 인간의 지적·정신적 활동의 성과로 얻어진 무형의 재능에 대한 권리이다.

16 정답 ②
지식 재산권에는 저작권, 산업 재산권, 신지식 재산권이 있다. 저작권이란 창작물을 만든 사람이 자신이 만든 창작물, 즉 저작물에 대해 가지는 법적 권리이다.

① 상표권 : 기호, 문자 등을 상품에 독점적으로 사용할 수 있는 권리이다.
③ 디자인권 : 물품의 형상, 모양, 색채 등 디자인에 대하여 지니는 권리이다.
④ 실용신안권 : 기존 제품의 편리성을 높인 발명에 주어지는 권리이다.

17 정답 ②
지식 재산권은 산업 재산권, 저작권, 신지식 재산권으로 구분한다. 산업 재산권은 산업과 관련된 지적 활동에 관한 권리이다. 종류는 특허권, 실용신안권, 디자인권, 상표권이 있다.
저작권이란 학문과 예술 분야에서 인간의 사상이나 감정을 독창적으로 표현한 창작물에 대해 저작자가 가지는 권리이다.

18 정답 ②
실용신안권은 기존 제품의 편리성을 높인 발명에 주어지는 권리이다. 출원일로부터 10년간 권리가 보호된다.

ㄴ. 상표권에 대한 설명이다.
ㄷ. 디자인권에 대한 설명이다.

19 정답 ②
저작권은 학문과 예술 분야에서 인간의 사상이나 감정을 독창적으로 표현한 창작물에 대해 저작자가 가지는 권리이다. 저작권의 종류로는 저작 인격권, 저작 재산권, 저작 인접권이 있다. 존속 기간은 저작자 사망 후 70년이다.

20 정답 ②
디자인권은 물품의 형상, 모양, 색채 등 디자인에 대하여 지니는 권리이다. 디자인권의 존속 기간은 출원일로부터 20년이다.

21 정답 ①
특허권은 특허법에 의하여 발명을 독점적으로 이용할 수 있는 권리이다. 존속 기간은 출원일로부터 20년이다. 실용신안권은 기존 제품의 편리성을 높인 발명에 주어지는 권리이다. 존속 기간은 출원일로부터 10년이다.

22 정답 ④
기술 연구 개발 과정은 소비자 요구 분석 → 아이디어 구상 및 설계 → 시제품 제작 → 시험 및 평가 → 생산 설계 → 제품 생산이다.

23 정답 ④
표준을 정하고 생활에서 활용하는 것을 표준화라 한다. 표준화의 목적은 제품 간 호환성을 높이고 비용 절감, 업무 능률 향상과 통일화, 정보 전달의 명확화 등에 있다.

24 정답 ②

국제 표준에 대한 설명이다. 상품 및 서비스의 국가 간 교류를 원활하게 하고, 지식, 과학 기술 및 경제 활동의 협력 발전을 목적으로 국제 표준화 기구(ISO)와 같은 표준 기관에서 제정한 표준을 말한다.

25 정답 ①

통일화, 단순화를 도모할 목적으로 물체, 상태, 절차 등에 관하여 설정된 기준을 표준이라 한다. 표준은 관계가 있는 사람들의 이익 또는 편의가 공정히 얻어지도록 통일화한다.

특허는 특정인이 고안한 고도의 기술적인 창작물에 대하여 독점하여 사용하고, 지식 재산권을 행사할 권한을 인정한다.

PART 05 첨단 기술

기출 및 적중예상문제
p.75~79

01	①	02	④	03	④	04	④	05	③
06	③	07	③	08	①	09	②	10	④
11	④	12	①	13	③	14	④	15	③
16	②	17	④	18	④	19	④	20	②
21	②	22	③	23	②	24	①	25	④
26	④	27	②	28	④				

01 정답 ①

오답 피하기

② 건설 기술 : 사람이 생활하는 데 필요한 구조물을 세우는 수단이나 활동이다.

③ 생명 기술 : 생명체를 이용하여 인간에게 유용한 제품을 생산하는 수단이나 활동이다.

④ 수송 기술 : 사람이나 물건을 한 곳에서 다른 곳으로 이동시키는 수단이나 활동이다.

02 정답 ④

첨단 제조 기술은 다른 산업에 미치는 파급력이 커서 기술 개발을 통해 전체 산업을 성장시키며 국가 경쟁력을 강화하는 역할을 한다. 이로 인해 일자리와 신산업의 기회를 창출할 수 있다.

03 정답 ④

메커트로닉스의 핵심 기술은 기계 기술, 전자 기술, 정보 처리 기술이다. 메커트로닉스는 주로 자율 주행 자동차, 자동화 빌딩, 공장 자동화, 인공 지능 로봇 등에 활용된다.

04 정답 ④

나노 기술은 원자나 분자 정도의 작은 크기 단위에서 물질을 합성하고 제어하여 그 성질을 활용하는 기술이다.

③ 메커트로닉스에 대한 설명이다.

05 정답 ③
나노 기술은 10억분의 1미터인 나노미터에 근접한 작은 크기 단위에서 물질을 합성·조립·제어하여 나노 소재, 나노 부품, 나노 시스템 등을 만드는 기술을 말한다.

06 정답 ③
3D 프린터는 시제품 제작이나 다품종 소량 생산에 적합하다. 재료의 낭비가 적어 경제적이며, 모델링을 통해 손쉽게 제품을 만들 수 있다.

07 정답 ③
문제에서 설명하는 단계는 후처리에 해당한다. 후처리는 FDM 방식으로 프린팅 후 제품의 완성도를 높이기 위해 거친 면을 다듬은 후 색칠하는 것이다.

08 정답 ①
3D 프린팅 과정은 모델링 → 프린팅 → 후처리 순이다.

09 정답 ②
첨단 건설 기술은 신·재생 에너지 생산이 가능한 친환경 구조물을 건설하여 환경 보호에 긍정적 영향을 준다.

10 정답 ④
거대한 건물을 관리하기 위해서는 원격 시스템 설치가 필수적이다.

① 초고층 빌딩은 토지의 집약적 이용이 가능하다.
② 초고층 건물로 도시의 녹지 공간 확보가 용이해진다.
③ 자동화 시스템으로 관리가 편리하다.

11 정답 ④
모듈러 하우스는 간단한 시공 과정, 공사 기간 단축, 건축물의 분리와 해체가 쉬워 다양한 형태로 조합하거나 재배치가 가능하며, 재료를 재사용할 수 있어 친환경적 건설 기술 방법이다.

12 정답 ①
모듈러 하우스는 블록을 조립하듯 공장에서 집을 제작한 다음 현장에서 설치하여 완성하는 건축물이다. 간단한 시공 과정, 공사 기간 단축, 건축물의 분리와 해체가 쉬워 다양한 형태로 조합하거나 재배치가 가능하다.
모듈러 하우스 제작 과정으로 ㄱ. 모듈 제작 → ㄴ. 모듈 운반 → ㄹ. 크레인으로 모듈 설치 → ㄷ. 모듈 조립이 적절하다.

13 정답 ③
패시브 하우스는 저에너지형 건물의 형태로 직접적인 에너지 사용을 줄이고 간접적인 요소를 적극적으로 활용한다.

14 정답 ③
제시된 내용은 원격 진료에 대한 설명이다. 원격 진료는 상호 작용이 가능한 정보 통신 기술을 이용하여 원거리에서 의료 정보와 의료 서비스를 전달하는 모든 활동을 의미한다. 원격 진료에 적용된 기술은 생명 기술, 정보 통신 기술이다.

15 정답 ③
경간이 2,000m를 넘는 현수교나 1,000m 이상인 사장교를 초장대 교량이라 한다. 현수교는 주 케이블, 즉 현수 케이블에 의해 지지되는 형식의 다리를 말하며, 사장교는 한자로 斜(비스듬할 사)張(매달 장)橋(다리 교)이다. 즉, 비스듬하게 케이블을 주탑에 연결한 다리를 말한다.

16 정답 ②
첨단 생명 기술은 새로운 품종과 생산 방법을 지속적으로 연구하고 있으며, 스마트 농장 등 다른 기술 영역과 융합하여 발전해 가고 있다.

17 정답 ④

제시된 설명은 유전자 재조합 기술이다.

> **오답피하기**
> ① 핵 이식 : 복제하려는 생물의 체세포에서 핵을 채취하여 핵을 제거한 다른 생물체의 난자에 이식하는 기술이다.
> ② 세포 융합 : 서로 다른 두 종류의 세포를 융합하여 새로운 잡종 세포를 만드는 기술이다.
> ③ 바이오 장기 : 인간 생체의 장기와 같은 기능을 갖는 기기를 인공적으로 만드는 것이다.

18 정답 ④

유전자 가위 기술은 DNA 특정 부위를 인식하고 절단하는 분자생물학적 기술이다. 인간 및 동식물 세포의 유전체를 교정하는 데 사용되는 유전자 교정 기술이다.

> **오답피하기**
> ① 원격 진료 : 상호 작용이 가능한 정보 통신 기술을 이용하여 원거리에서 의료 정보와 의료 서비스를 전달하는 모든 활동을 의미한다.
> ② 바이오 장기 : 인간 생체의 장기와 같은 기능을 갖는 기기를 인공적으로 만드는 것이다.
> ③ 광유전학 기술 : 빛을 이용해 신경 세포의 활동을 조절하는 기술이다.

19 정답 ④

유전자 재조합 기술은 개량을 원하는 작물의 유전자의 특정 부위를 잘라 내고 다른 종의 유전자를 넣거나 유전자를 변형하는 기술이다. 병충해에 강한 콩, 생산량이 증대된 슈퍼 옥수수, 건조 기후에 저항성을 가진 벼는 유전자 재조합에 해당한다.

> **오답피하기**
> ① 핵 이식 : 복제하려는 생물의 체세포에서 핵을 채취하여 핵을 제거한 다른 생물체의 난자에 이식하는 기술로, 생물의 복제, 멸종 위기 생물의 보존에 이용된다.
> ② 세포 융합 : 2개의 다른 종류의 세포를 인공적으로 융합시켜 잡종 세포를 만드는 방법으로 1개 세포 내에 2개의 핵을 갖게 된다. 포마토가 대표적인 세포 융합 식물이다.
> ③ 조직 배양 : 다세포 생물의 몸을 구성하는 조직의 일부나 세포를 분리하여 유리 용기 내에서 생존시키거나 증진시키는 것이다.

20 정답 ②

제시된 설명은 자율 주행 자동차이다. 자율 주행 자동차는 방향 제어, 사물 탐지 및 충돌 방지, 종합·분석 시스템으로 구성되며, 시스템이 유기적으로 작동하게 설계된 자동차이다.

21 정답 ②

연료 전지 내에서 수소와 산소가 화학 반응하여 전기가 생성되며, 전기 자동차와 같은 원리로 전동기가 자동차를 구동하는 것은 수소 연료 전지 자동차이다.

22 정답 ③

하이브리드 자동차는 내연 기관과 전동기를 동력원으로 한다. 출발과 저속 구간에서는 에너지 절약을 위해 전동기의 동력만 사용하고, 고속 주행 등에서는 내연 기관과 전동기가 동시에 작동한다.

23 정답 ②

전기 자동차는 외부 전원에서 배터리를 충전하여 모터를 돌려 주행한다. 전기를 이용하여 주행하기 때문에 배기가스를 배출하지 않는다.

① 화석 연료를 사용하는 것은 내연 기관 자동차이다.

③ 두 개의 동력원을 가지고 있는 자동차는 하이브리드 자동차이다.

④ 수소와 산소의 화학 반응을 이용하여 전기를 생산하고 전기를 이용하여 주행하는 것은 수소 연료 전지 자동차이다.

24 정답 ①

제시된 내용은 드론에 대한 설명이다. 조종사가 탑승하지 않고 전파를 통해 원격으로 조종하는 무인 항공기이다. 미래에 드론을 이용할 수 있는 산업이 많아지고 있지만 사생활 침해, 해킹의 위험성, 추락 위험 등의 문제가 있다.

25 정답 ④

하이퍼루프는 진공 터널 안에서 자기 부상 기술로 열차를 띄워 사람이나 화물을 음속에 가까운 시속 1,200km로 옮길 수 있는 열차이다.

① 우주 여객선에 대한 설명이다.

② 태양광 비행기에 대한 설명이다.

③ 자기 부상 열차에 대한 설명이다.

26 정답 ④

클라우드 컴퓨팅은 언제 어디서든 활용이 가능하며, 사물 인터넷과 빅 데이터를 더욱 효과적으로 활용할 수 있다. 효과적인 정보 자원 관리가 가능하고 비용 절감이 크다.

27 정답 ②

사물 인터넷은 사람, 사물, 데이터 등이 네트워크로 연결되어 정보가 생성, 수집, 공유, 활용되는 것을 말한다.

28 정답 ④

(가) **증강 현실** : 현실 배경에서 3차원 가상 이미지를 겹쳐서 하나의 영상으로 보여 주는 기술이다.

(나) **가상 현실** : 어떤 특정한 환경이나 상황을 컴퓨터로 만들어서 경험할 수 있게 하는 기술로, VR이라고도 한다.

블루투스는 휴대폰, 노트북, 이어폰 등의 휴대 기기를 서로 연결해 정보를 교환할 수 있게 하는 무선 기술이다.

PART 06 지속 가능한 발전과 기술

기출 및 적중예상문제
p.89~92

01	④	02	①	03	③	04	④	05	②
06	①	07	③	08	①	09	③	10	③
11	①	12	④	13	④	14	①	15	③
16	④	17	②	18	②	19	④	20	②
21	④	22	②	23	③						

01 정답 ④
제한된 자원 속에서 무조건적인 경제 성장은 가능하지 않음을 인정하고, 현재와 미래 세대의 필요를 골고루 충족하면서 지속적으로 살아갈 수 있도록 발전해 가는 것을 지속 가능한 발전이라고 한다.

02 정답 ①
제시된 설명은 경제적 측면에 해당하는 실천 방법이다. 신·재생 에너지의 적극적인 개발 및 공급, 에너지 자립도 향상, 재활용 가능한 제품 설계, 친환경 생산 기술 적용, 친환경 제품 사용, 자원을 절약하려는 자세를 가져야 한다.

03 정답 ③
지속 가능한 발전을 위한 환경적 측면의 목표는 생태계 보호, 깨끗한 물과 위생이 적절하다.

> **오답피하기**
> ㄱ·ㄷ. 사회적 측면의 지속 가능한 발전 방안이다.

04 정답 ④
적정 기술은 해당 지역에서 지속적인 생산과 소비가 가능하도록 만들어진 기술이다. 열악한 환경에서 생활하는 소외된 사람들에게는 첨단 기술보다 생활 환경을 개선해 줄 수 있는 기술이 더 필요하다.

05 정답 ②
제시된 사례는 적정 기술을 사용한 제품이다.
적정 기술은 사회 공동체의 사회적·경제적·정치적·문화적·환경적 조건 등을 고려하여 해당 지역에서 지속적인 생산과 소비가 가능하도록 만들어진 기술이다.

06 정답 ①
적정 기술의 특징으로 기술 개발 비용이 저렴하며, 지속 가능한 발전을 위한 방안으로 사용이 가능하다.
지구촌의 사회·환경·식량 문제 등을 해결하여 인류 모두가 행복한 삶을 살아갈 수 있게 하는 착한 기술이다.

07 정답 ③
제시된 내용은 환경과 건설 기술의 특징이다.

> **오답피하기**
> ① 정보 통신 기술은 정보 기기로 정보를 처리하고 통신하는 기술의 결합을 말한다.
> ④ 로봇과 자동화 기술의 특징은 무인화 시스템이다. 무인 편의점·패스트푸드점의 무인 결제 시스템은 로봇과 자동화 기술의 대표적 사용 사례이다.

08 정답 ①
미래의 직업은 세분화, 전문화될 것이다. 기술의 발달 속도는 점차 빨라지며, 직업의 쇠퇴와 소멸 주기는 짧아진다. 또한 미래의 기술 변화의 영향력은 사회에 많은 영향을 줄 것이다.

09 정답 ③
로봇으로 대체가 가능한 단순 노동 일자리는 줄어들겠지만, 그 기술을 연구·개발·관리하는 다양한 일자리가 새롭게 등장할 것이다.

10 정답 ③
산업 재해 발생에 따라 대처만 하는 것이 아니라 산업 재해가 일어날 수 있는 가능성을 제거하여 근로자의 안전한 근로 환경을 조성해야 한다.

11 정답 ①

제시된 내용은 붕괴에 대한 설명이다.

> **오답피하기**
>
> ④ 떨어짐은 높은 곳에서 작업 시 안전 장비 미흡 및 결함이나 부주의 등으로 추락하는 사고이다.

12 정답 ④

절연 보호구는 감전 방지를 위한 예방법에 해당한다.

13 정답 ④

추락 사고 예방을 위해서는 안전대 사용, 안전 난간 및 추락 방지망 설치를 의무화해야 한다.

14 정답 ①

회전 기계를 사용할 때 면장갑을 착용하지 않거나, 기계가 정지했는지 확인하고 수리를 하는 것은 작업자가 기계나 장치 등에 끼이는 산업 재해를 막기 위한 예방법이다.

15 정답 ③

작업하고 있는 사람과의 대화는 사고 위험을 높이는 행위이다. 작업이 끝난 후 의사소통하는 것이 재해 예방법이다.

16 정답 ④

산업 재해란 사고가 원인이 되어 산업 현장에서 나타나는 인명이나 재산상의 손실을 말한다.
인재란 사람에 의하여 일어나는 사고를 말한다.

17 정답 ②

날씨 상태는 환경 요인에 의한 사고이다. 운전자 부주의로 의한 사고는 교통 신호 위반, 불법 유턴, 차선 위반, 안전거리 미확보, 안전띠 미착용 등의 위반으로 발생한다.

18 정답 ②

날씨 상태, 교통안전 시설 미비에 의한 사고는 환경 요인에 의한 사고이다.

19 정답 ④

운전 중 이상이 발견되면 즉시 안전한 장소로 이동하여 점검·수리해야 한다.

20 정답 ②

엔진룸 점검은 정기 점검이 아닌 일상 점검에 해당한다. 자동차는 주행거리가 늘어남에 따라 부품이 마모 또는 손상되어 고장 및 사고의 원인이 되므로 점검과 정비를 철저히 하여 자동차를 최적의 상태로 유지하는 것이 자동차의 수명도 연장하고, 안전을 위해서도 중요하다.

21 정답 ④

타이어 마모 한계선을 확인하고 자동차의 운행 상태나 운전자의 운전 습관에 따라 교체 시기를 조정한다.

22 정답 ②

제시된 경고등의 의미는 배터리 점검 표시이다.
발견 즉시 정비소로 가야 하는 경고등

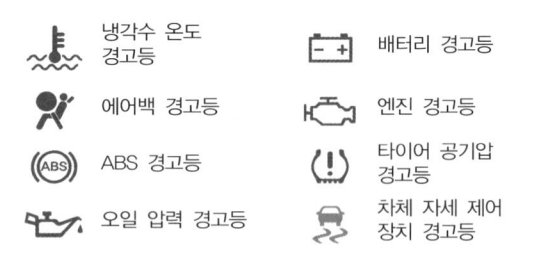

23 정답 ③

사고 현장의 앞뒤 100m 정도에 사고 표지를 설치한다.
사고 장소에서 10m는 사고 장소와 가까워 2차 사고를 유발할 수 있다.

PART 07 실전모의고사

제1회 실전모의고사

p.94~98

01	①	02	④	03	④	04	②	05	④
06	④	07	③	08	②	09	②	10	②
11	②	12	③	13	①	14	①	15	①
16	④	17	①	18	③	19	①	20	④
21	④	22	①	23	①	24	③	25	①

01 정답 ①
도취성 사랑은 열정만이 있는 사랑으로, 상대를 이상화시켜서 보는 망상으로 치우친다.

02 정답 ④
민주적 양육 행동은 분명한 규율이 있으며, 규율에 대해서로 이야기하고 대안을 제시한다. 자녀는 자신의 행동을 통제할 수 있고 정서적으로 안정, 책임감이 있으며 협동적인 태도를 보인다.

03 정답 ④
사람과 사물이 유기적으로 정보를 주고받기 위해서는 사물 인터넷과 사물 웹 기술의 발달이 필요하다.

04 정답 ②
난소에서 성숙된 난자를 수란관으로 내보내는 것을 배란이라고 하며, 배란된 난자와 정자가 만나는 것을 수정이라고 한다. 수정이 되어 만들어진 수정란은 계속해서 세포 분열을 하면서 자궁으로 이동한다. 자궁으로 이동한 수정란은 자궁벽에 자리를 잡고 태아로 성장하게 된다. 이 전 과정을 임신이라고 한다.

05 정답 ④

> **오답피하기**
> ① 겨드랑이를 잡고 살짝 들어 세워 주면 걷는 동작을 하는 것이 걷기 반사이다.

> ② 입에 닿는 것은 무엇이든지 빨려고 하는 것이 빨기 반사이다.
> ③ 갑자기 큰 소리가 들리면 놀라 팔다리를 폈다 오므리는 반사가 모로 반사이다.

06 정답 ④
지속 가능한 발전은 자연환경의 개발 과정에서 자연환경의 피해를 최소화할 수 있는 발전으로, 현재와 미래 세대의 필요를 충족시키며 지속적으로 살아갈 수 있는 발전이다. 이는 사회, 경제, 환경 세 영역 간의 갈등을 방지하고 균형 있는 발전을 의미한다.

07 정답 ③
우리나라 식생활 문화는 곡물 중심이다. 부족한 단백질은 콩으로 주로 보충하였다.

08 정답 ②
똠얌꿍과 팟타이는 태국의 대표적인 음식이다. 똠얌꿍은 태국의 전통 수프이며, 팟타이는 쌀국수에 숙주나물을 넣고 볶은 국수이다.

> **오답피하기**
> ㄴ. 파스타는 이탈리아의 대표적인 음식에 해당한다.
> ㄹ. 마파두부는 중국의 사천지방을 대표하는 음식이다.

09 정답 ②
재무 설계를 할 때에는 가장 먼저 가족의 지출 습관과 현재의 재무 상태가 어떤지를 평가해야 한다.

10 정답 ②
노년기에는 사회적 역할이 축소된다.

11 정답 ②

(가) 출발과 저속 구간에서는 에너지 절약을 위해 전동기의 동력만 사용하고, 고속 주행 등에서는 내연 기관과 전동기가 동시에 작동하는 자동차를 하이브리드 자동차라고 한다.

(나) 연료 전지 내에서 수소와 산소가 화학 반응하여 전기가 생성되는 자동차를 수소 연료 전지 자동차라 한다.

12 정답 ③

나노 기술은 10억분의 1미터인 나노미터에 근접한 작은 크기 단위에서 물질을 합성, 조립, 제어하여 나노 소재, 나노 부품, 나노 시스템 등을 만드는 기술이다. 미세 공정을 통해 정밀한 치수의 초소형 제품을 생산하는 활동 또한 나노 기술의 활용에 해당한다.

오답피하기

① 3차원 공간에서 재료를 쌓아 올려 제품을 제작하는 것은 3D 프린터에 해당한다.

② 생산 속도를 높인 로봇을 활용하는 것은 메커트로닉스에 해당한다.

④ 공장에서 규격화된 형태로 제작한 구조물을 현장에서 조립하여 완성하는 건축물을 모듈러 하우스라 한다.

13 정답 ①

현수교는 멀리 떨어진 주탑 사이에 주 케이블을 연결하고, 이 주 케이블에 상부 구조를 매단 교량이다.

오답피하기

② 사장교 : 주탑을 세우고 주탑에서 바로 내린 케이블에 교량의 상부 구조를 매단 교량이다.

14 정답 ①

핵 이식은 어떤 생물의 체세포에서 핵을 채취한 다음 핵을 제거한 생물의 난자에 이식하는 조작으로, 핵을 제공한 생물과 유전적으로 동일한 개체를 발생시키는 기술이다.

15 정답 ①

정투상법은 물체의 각 면을 투상면에 나란히 놓고, 직각 방향에서 본 모양을 나타내는 방법이다. 평면도는 위에서 본 모양을 나타낸다.

16 정답 ④

치수선은 폭, 거리, 높이, 두께 등의 치수를 기입하기 위해 나타낸 선이다.

치수 보조 기호는 ϕ – 지름, □ – 정사각형의 변, R – 반지름, t – 판의 두께를 나타낸다.

오답피하기

③ 중심선은 구조물의 중심을 보여 주는 선이다.

17 정답 ①

산업 재산권에는 상표권, 특허권, 실용신안권 등이 있다. 등록 상표를 지정 상품에 독점적으로 사용할 수 있는 권리를 상표권이라 하며, 상표권은 등록일로부터 10년간 보장되며 갱신이 가능하다.

오답피하기

② 저작권 : 학문과 예술 분야에서 인간의 사상이나 감정을 독창적으로 표현한 창작물에 대해 저작자가 가지는 권리이며, 이는 창작한 시점에서부터 권리가 인정된다.

③ 특허권 : 발명자가 발명품을 독점적으로 이용할 수 있도록 부여한 권리로, 특허 출원일로부터 20년간 권리가 보장된다.

④ 실용신안권 : 실용신안을 등록한 자가 독점적 · 배타적으로 그 실용신안상에 가지는 지배권이다.

18 정답 ③

미리 정해 놓은 기준에 따라 체계적으로 평가하여 최적의 아이디어를 선정하는 기법을 평가 행렬법이라 한다.

① PMI : 제안된 아이디어의 장점(Plus), 단점(Minus), 흥미로운 점(Interesting)을 따져 본 후 그 아이디어를 평가하는 기법이다.
② 스캠퍼 : 기존의 것에 '대체하기, 조합하기, 적용하기, 수정·확대·축소하기, 다른 용도로 사용하기, 제거하기, 재배치하기'와 같은 7가지 질문을 하여 새로운 아이디어를 떠올리는 데 도움을 주는 방법이다.
④ 브레인스토밍 : 어떤 구체적인 문제에 대해 해결 방안을 생각할 때, 서로 비판하지 않고 머릿속에 떠오르는 대로 아이디어를 내게 하는 방법이다.

19 정답 ①

적정 기술이란 사회 공동체의 사회적·경제적·정치적·문화적·환경적 조건 등을 고려하여 해당 지역에서 지속적인 생산과 소비가 가능하도록 만들어진 기술이다. 열악한 환경에서 생활하는 소외된 사람들에게는 첨단 기술보다 생활 환경을 개선해 줄 수 있는 적정 기술이 더 필요하다. 적정 기술은 가능한 현지 재료를 사용하며 제작 비용이 적어야 한다. 기술 이전이 쉬워야 지속 가능한 생산과 소비가 가능하다.

20 정답 ④

돌발 상황에서 제동 장치를 밟지 않고 가속 페달을 밟는다거나 자동 변속기의 D(전진 주행)와 R(후진)의 기어 위치를 정확하게 인지하지 않은 상태에서 운전하는 것 등이 작동 미숙 사례이다.

21 정답 ④

메커트로닉스(mechatronics)는 기계(mechanics)와 전자(electronics)의 융합 기술이다. 수송 수단이 무인화되어 우리를 목적지까지 안전하게 데려다주는 자율 주행 자동차가 대표적인 메커트로닉스 기술이다.

22 정답 ①

PMI는 제안된 아이디어의 장점(Plus), 단점(Minus), 흥미로운 점(Interesting)을 따져 본 후 그 아이디어를 평가하는 기법으로 수렴적 사고 기법이다.

23 정답 ①

높은 곳에서 작업 시 안전 장비 미흡 및 결함이나 부주의 등으로 추락하는 사고의 산업 재해를 예방하기 위해서는 안전 난간과 보호망을 설치해야 한다.

② 부딪힘에 대한 예방 방법이다.
④ 방호 장치란 기계 기구의 위험한 장소를 근로자가 접근하지 못하도록 하는 장치이다.

24 정답 ③

인간의 학습 능력과 추론 능력, 지각 능력, 자연언어의 이해 능력 등을 컴퓨터 프로그램으로 실현한 기술을 인공지능이라 한다.

① 그래핀은 탄소 동소체 중 하나로 신소재이다.
② 틸트로터는 수직으로 이착륙할 수 있는 항공기이다.
④ 3차원 도면을 바탕으로 재료를 열에 녹여서 한 층씩 쌓아 올리면서 제품을 입체적으로 출력해 내는 것을 3D 프린터라 한다.

25 정답 ①

도면에서의 크기와 물체의 실제 크기의 비를 척도라 한다. 척도에는 3가지가 있다.
• 축척은 1 : 5, 1 : 50, 1 : 500으로 표시하며 실물보다 작게 그리는 척도에 해당한다.
• 현척은 1 : 1로 실물 크기와 같게 그린다.
• 배척은 2 : 1, 10 : 1, 50 : 1로 표시하며 실물보다 크게 그리는 척도에 해당한다.

01	②	02	②	03	③	04	①	05	④
06	③	07	④	08	③	09	④	10	③
11	①	12	②	13	③	14	③	15	②
16	①	17	②	18	④	19	①	20	①
21	④	22	④	23	③	24	③	25	④

01 정답 ②

우애적 사랑은 친밀감과 헌신을 바탕으로 오래된 우정 같은 결혼에서 발견된다. 대부분 낭만적 사랑은 우애적 사랑으로 변한다.

02 정답 ②

오답피하기

① 남녀 모두 18세 이상이어야 한다.
③ 미성년자는 부모나 후견인의 동의를 얻어야 한다.
④ 부모에게서 독립하여 자신과 가족을 부양할 수 있어야 한다.

03 정답 ③

3개월 차에 외부 생식기가 발달하여 성별 확인이 가능하다.

오답피하기

④ 5개월 차에 외부 소리를 들을 수 있고, 손발의 움직임이 활발해진다.

04 정답 ①

신생아기는 출생 후 4주까지의 시기로 간 기능이 미숙한 상태로 태어나 황달 현상이 나타나지만 일주일 정도 지나면 회복된다. 두개골의 숫구멍이 완전히 닫혀 있지 않은 것과 머리둘레가 가슴둘레보다 크고 머리의 크기가 신장의 1/4 정도 되는 것은 대표적인 신생아기의 신체적 특징이다.

05 정답 ④

약과 음식의 근본은 같다는 생각으로 약리 작용을 하는 생강, 계피, 쑥, 당귀, 오미자, 인삼 등의 식재료를 음식에 사용하였다.

06 정답 ③

처마의 적절한 길이와 경사각은 여름의 뜨거운 햇빛을 막아 주고, 겨울에는 실내 깊숙이 햇빛이 들어오게 하였다.

07 정답 ④

그림의 A는 태반이다.

오답피하기

① 탯줄, ② 양수, ③ 양막에 대한 설명이다.

08 정답 ③

가계 재무 설계 과정은 '가계 재무 상태의 평가 → 가계 재무 목표의 설정 → 계획의 수립과 실행 → 검토와 수정'의 순서이다.

09 정답 ④

하이브리드 자동차는 내연 기관과 전동기를 적절하게 사용하여 에너지 소모를 적게 하는 반면, 플러그인 하이브리드 자동차는 충전된 전기를 다 소모한 후에 내연 기관을 사용한다.

10 정답 ③

사람, 사물, 데이터 등이 네트워크로 연결되어 정보가 생성·수집·공유·활용되는 것을 사물 인터넷이라 한다. 스마트 홈, 스마트 가로등, 스마트 소화기, 스마트 교량 등에 활용된다.

오답피하기

② 원자나 분자 정도의 작은 크기 단위에서 물질을 합성하고 제어하여 그 성질을 활용하는 기술을 나노 기술이라 한다.

④ 기계(mechanics)와 전자(electronics)의 합성어로, 기계 기술과 전자 기술을 응용하여 목적에 적합한 시스템을 구성하는 기술을 메커트로닉스라 한다.

11 정답 ①

3D 프린팅은 기계 산업 분야의 시제품 제작에 주로 이용된다.

> **오답피하기**
> ③ 3D 프린팅은 재료를 쌓아 제품을 만드는 적층 방식으로 제품을 만들기 때문에 표면이 매끄럽지 못하다.

12 정답 ②

모듈러 하우스는 블록을 조립하듯 공장에서 집을 제작한 다음 현장에서 설치하여 완성하는 건축물이다. 간단한 시공 과정, 공사 기간 단축, 건축물의 분리와 해체가 쉬워 다양한 형태로 조합하거나 재배치가 가능하다.

13 정답 ②

가상 현실은 일상적으로 경험하기 어려운 것을 가상의 정보로 재현하여 사용자에게 가상의 현실 속에서 실제 경험하고 있는 것처럼 만들어 주는 기술이다.

> **오답피하기**
> ① · ③ · ④ 현실에 가상의 세계를 반영한 증강 현실이다.

14 정답 ③

세포 융합은 세포를 융합시켜 하나의 세포로 만드는 기술이다.

> **오답피하기**
> ① 핵 이식 : 복제하려는 생물의 체세포에서 핵을 채취하여 핵을 제거한 다른 생물체의 난자에 이식하는 기술이다.
> ④ 유전자 재조합 기술 : 개량을 원하는 작물의 유전자의 특정 부위를 잘라 내고 다른 종의 유전자를 넣거나 유전자를 변형하는 기술이다.

15 정답 ②

치수 보조 기호는 ϕ – 지름, $\square$ – 정사각형의 변, R – 반지름, t – 판의 두께를 나타낸다.
㉠ 지름 10mm를 나타낸다.

16 정답 ①

정투상법은 물체의 각 면을 투상면에 나란히 놓고 투상하는 방법이다. 한국 산업 표준에는 제3각법으로 그리는 것을 원칙으로 하고 있다.
정투상법에서 배면도는 표현하지 않는다.

17 정답 ②

특허권의 존속 기관은 출원일로부터 20년, 디자인권의 존속 기관은 출원일로부터 20년이다.

18 정답 ②

제시된 발명 기법은 마인드맵이다. 마인드맵은 중심 주제로부터 가지에 가지를 계속 붙여 나가면서 생각이나 아이디어를 확장시켜 이미지와 단어를 이용해 시각화하는 방법이다.

19 정답 ①

지속 가능한 개발의 목표로 사회적 측면, 경제적 측면, 환경적 측면이 있다. 사회적 측면으로는 사회적 약자 배려, 사회 정의 실현, 국가 간 불평등 해결 등이 있으며 경제적 측면으로는 자원 절약, 신·재생 에너지 개발 등이 있다. 환경적 측면으로는 생태 공간 확충, 인간과 환경의 조화 등이 있다.

20 정답 ①

적정 기술이란 지구촌의 사회·환경·식량 문제 등을 해결하여 인류 모두가 행복한 삶을 살아갈 수 있게 하는 착한 기술, 나눔의 기술을 말한다. Q드럼과 라이프스트로는 물이 부족한 지역에 필요한 적정 기술이다.

21 정답 ④

브레인스토밍은 확산적 사고 기법으로 어떤 구체적인 문제에 대해 해결 방안을 생각할 때 서로 비판하지 않고, 머릿속에 떠오르는 대로 아이디어를 내게 하는 방법이다.

22 정답 ④

파단선은 물건을 전부 나타낼 필요가 없을 경우에 사용한다.

23 정답 ③

타이어의 공기압이 기준보다 낮으면 점등된다.

발견 즉시 정비소로 가야 하는 경고등

냉각수 온도 경고등		배터리 경고등	
에어백 경고등		엔진 경고등	
ABS 경고등		타이어 공기압 경고등	
오일 압력 경고등		차체 자세 제어 장치 경고등	

24 정답 ③

정보 통신 기술의 발달로 인간의 사생활 침해가 증가되고 있다.

오답 피하기

①·②·④ 정보 통신 기술의 발달의 긍정적인 영향이다.

25 정답 ④

표준의 목적은 편리하고 안전하게 생활하기 위해 제품, 기술, 방법 등을 만들어 낸 약속과 규칙이다. 표준화의 예는 복사 용지 크기, 볼트와 너트 등이 있다. 표준화는 상호 호환성, 비용 절감 등의 효과가 있다.